Edition Rarissima

Der Verlag
dankt allen beteiligten
Museen, Bibliotheken und Bildarchiven
für die freundliche Unterstützung

Graphik: Irene Paßlick, Kandern-Holzen

Repros: Witzemann & Schmidt, Wiesbaden

Satz, Druck u. Herstellung: Oscar Brandstetter
Druckerei GmbH & Co KG,
Wiesbaden

Printed in Germany

ISBN 3-9800992-2-9

Petra Schramm

Die Quacksalber

Heilkünstler und Scharlatane

Edition Rarissima

Holzschnitt von Sebald Beham, 1539: „Das große Kirchweihfest"
(Mitte links Theriakverkäufer und Zahnbrecher)

Inhalt

Holzschnitt des 16. Jh.: „Ein Quacksalber zu Pferde"

Zum Geleit

Weder die warmen Farben, die malerischen Kulissen, noch die ausgelassenen oder neugierigen Menschen, die Masken, die Spieler, die Musikanten, die Gaukler können auf den Bildern in diesem Buch von dem eigentlichen Thema ablenken: Es ist der kranke, der leidende Mensch und derjenige, der versucht, ihn zu heilen, sei es als gelehrter Arzt, sei es als Quacksalber. Die Gemälde, die Kupferstiche, auch die Anekdoten, die Geschichten und Zitate – fast alle stammen aus dem 16. bis 18. Jahrhundert, also jener Zeitspanne, die mit Renaissance und Barock, im 18. Jahrhundert auch mit Rokoko und Klassizismus überschrieben ist. Wer dächte bei diesen Epochebegriffen nicht an die ganz unvergleichliche Kunstblüte zu Beginn des 16. Jahrhunderts, an Dürer und Altdorfer, an Riemenschneider und Veit Stoß, an Leonardo und Michelangelo oder an Rubens und Rembrandt im 17. Jahrhundert und an die großen Musiker, die im 18. Jahrhundert miteinander wetteiferten, an Bach und Händel, an Mozart und Haydn, um nur einige von ihnen zu nennen. Mit Verehrung und Respekt begegnen wir ihren Werken, die zum Maßstab für alle folgenden Generationen wurden.

Ein ganz und gar anderes Verhältnis haben wir zu den „Heil-Künstlern" jener Zeit. Ein Gedankenexperiment mag das deutlich machen: Man stelle sich einmal vor, die Größen der vergangenen Zeiten könnten für die Dauer eines Musik-Festivals, eines Maler-Treffens und eines Ärztekongresses zum Leben erweckt werden und sich unter ihre Kollegen von heute mischen. Maler, Bildhauer und Musiker könnten sich – bei allen Unterschieden – verständigen, ja, es ist sogar fraglich, wer sich wem überlegen fühlte. Die Ärzte von heute würden dagegen in einer ganz anderen Sprache reden als die „doctores" von damals, ihre Gedankenwelt wäre grundsätzlich anders. Und während die Künstler ein ähnliches, oftmals sogar gleiches Instrumentarium vorfänden, stünden selbst die fähigsten Mediziner aus der Renaissance- oder Barockzeit hilflos vor Röntgenapparaten, Elektrokardiogrammen und Herzschrittmachern. Nun gut, würden die heutigen Ärzte sagen, es war ein weiter Weg bis Medizin und Technik so zusammenspielten, daß alle diese Geräte entwickelt werden konnten. Lassen wir sie außer acht, unterhalten wir uns über das Wesen von Krankheiten, über ihre Ursachen und Symptome, über Medikamente und ihre Wirkungen. Da erst käme das große Erschrecken über den gewaltigen Wissensrückstand, aber noch viel mehr über die abergläubischen Vorstellungen, die die Gehirne der studierten Mediziner kaum weniger beherrschten als die der Quacksalber. Schaudernd würde der moderne Arzt erkennen, daß sein Kollege vor 300 oder 400 Jahren dem Medizinmann der Steinzeit, ganz sicher aber dem ägyptischen Arzt vor 3000 Jahren sehr viel näher stand als ihm selbst. Keine Frage: anders als bei dem hypothetischen Künstlertreff kämen die Ärztekollegen von einst und jetzt zu keiner Verständigung, und der Arzt des 20. Jahrhunderts würde nicht Verehrung oder Achtung, sondern Bedauern, Mitleid oder Verachtung empfinden. Ob Bedauern oder Verachtung wäre zu differenzieren, denn an dieser Stelle haben wir ja noch alle Heil-

künstler der damaligen Zeit gemeinsam zum Kongreß geschickt. Von den Unterschieden und den Ausnahmen wird später die Rede sein müssen.

Das Kongreß-Spiel wird in diesem Buch weitergespielt. Auf Gemälden und Kupferstichen begegnen wir den Quacksalbern, den Scharlatanen, den Marktschreiern, den Zahnbrechern, aber auch den Apothekern und „doctores", und manchmal werden wir uns wundern, wie sich diese Herren auch schon äußerlich Ansehen zu verschaffen wußten. Sie sollen auch selbst zu Wort kommen – in ihrer Sprache, an die wir uns erst gewöhnen müssen, die dann aber auch ihren eigenen Reiz ausübt und ihre eigene Komik hat. Uns werden die Haare zu Berge stehen, wenn wir uns in die Rolle der Patienten denken, aber wir werden über manche Vorstellungen und Methoden auch herzhaft lachen können. Als Vermittler zwischen jetzt und einst möchte sich der Autor mit ein paar erklärenden und erzählenden Beiträgen zur Verfügung stellen.

Der Quacksalber
eine klassische Figur der Kulturgeschichte

Im Mittelalter bekam der kranke Mensch medizinischen Beistand im Umkreis der Klöster oder beim Bader und Bartscherer, der traditionell auch Wunden versorgte und als Kräuterkundiger aufgrund seiner eigenen Erfahrungen die kleinen Wehwehchen seiner Mitmenschen zu heilen versuchte. Vom beginnenden 16. bis zum Ende des 18. Jahrhunderts, also ziemlich genau 300 Jahre lang, beherrschte dann das bunte Völkchen der fahrenden Heilkünstler, der Wurzkrämer, der Zahnbrecher, der Starstecher und Urinpropheten die Messen und Märkte. Zusammen mit anderen Vaganten wie Bänkelsängern, Possenreißern, Kesselflikkern, wahrsagenden Zigeunern und Dirnen zogen sie von Dorf zu Dorf, als Abwechslung freudig begrüßt von groß und klein. Schnell war auf den Marktplätzen ein Tisch, ein bühnenartiges Gerüst aufgerichtet, und da sah dann das sensationshungrige Publikum Dinge, die die Phantasie lebhaft beschäftigten: beim Zahnbrecher gewaltige Zahnzangen neben ausgerissenen Zähnen aller Art, beim Steinschneider Nieren- und Blasensteine von solcher Größe, daß es kaum vorstellbar war, wie ihre ehemaligen Besitzer nach der Operation gesund und munter das Leben genießen konnten, bei den Arzneikrämern, Salbschreiern und Kräuterkundigen merkwürdige Pillen mit geheimnisvollen Namen in allen Formen und Farben. Die Wunderärzte stellten nicht nur ihr Handwerkszeug, Wundmesser und Knochensägen, Schröpfköpfe und Klistiere, aus, sie traten auch gleich den Beweis dafür an, wie erfolgreich sie behandelten: Urkunden, gesiegelt und unterschrieben von hohen und höchsten Herren, bestätigten, daß der hier wirkende Ruf-Arzt wahre Wunder vollbracht hatte.

Ruf-Arzt und Marktschreier, Quacksalber und Scharlatan – wenn man an die Marktszene denkt, bezeichnen alle vier Begriffe die gleiche Figur. Marktschreier waren diese fahrenden Heilkünstler alle, denn sie mußten das Publikum für sich gewinnen und verkündeten daher mit lauter Stimme die lange Liste ihrer Heilerfolge. Manche hielten sich sogar einen eigenen Ausrufer oder einen Possenreißer und Stegreifkomödianten, um das Publikum anzulocken. Mit derb-erotischen Witzen ergötzten sie das Volk, was manchmal sogar die Obrigkeit auf den Plan rief, die sich um die Sittsamkeit ihrer Untertanen sorgte!

Die Bezeichnungen „Quacksalber" und „Scharlatan" gehen in jeweils einer etymologischen Erklärung auf dieses Ausrufen zurück. Der Quacksalber setzt sich danach aus „quacken" (was so viel bedeutet wie schwatzen, prahlen) und „salbari" (einer althochdeutschen Bezeichnung für den Salbenhändler und Arzt) zum „Prahlarzt" zusammen. Es soll aber hier auch nicht die zweite Entstehungsmöglichkeit verschwiegen werden, die auf Paracelsus zurückgeht. Er hatte als erster Syphiliskranken ein Quecksilberpräparat oral verabreicht, was bei den Schulmedizinern größtes Entsetzen hervorrief und ihm den Schimpfnamen „Quacksalber" eingetragen haben soll.

Das Wort „Scharlatan" kommt aus dem Italienischen und leitet sich wahrscheinlich von „cialare" (schwatzen wie ein Marktschreier) ab. Aber auch hier gibt es eine zweite Erklärung. Danach hätte der Scharlatan nach dem scharlachroten (scarlatto) Gewand seinen Namen bekommen, das er trug, um den Medizinprofessoren ähnlich zu sehen und damit also Gelehrtheit vorzuspiegeln.

Beide Ausdrücke haben einen negativen Beigeschmack, bezeichnen einen, der unsachgemäß behandelt, einen, der Wissen vortäuscht, das er gar nicht hat, und der dann auch noch seine Pfuscherei prahlerisch als ein Wunderwerk medizinischer Heilkunst ausgibt. Mußte ein solcher Aufschneider nicht ganz schnell entlarvt werden? Bewahrte ihn vielleicht nur sein Vagantentum vor Entdeckung und Strafe? Wie fand er überhaupt immer wieder neue „Opfer"?

Kehren wir zurück auf den Marktplatz und beobachten einmal nicht den Salbenkrämer mit seinem wunderbaren Allheilmittel und nicht den Wunderdoktor, der versichert, er habe für jedes Leiden eine wirksame Behandlungsmethode, sondern den potentiellen Patienten. Er ist auf den Markt gekommen, weil es hier Abwechslung gibt – eine der wenigen in der Eintönigkeit seines Alltags. Da ist ihm jeder Außenreiz quasi als geistige Nahrung willkommen. Er begafft Operationen unter freiem Himmel wie einen Kinofilm, und die Unmittelbarkeit des Geschehens mag ihn sogar noch stärker in seinen Bann ziehen, als ein Leinwandheld es fertigbrächte. Er liest – sofern er lesen kann – die aufgebauschten Berichte von Wunderheilungen und findet seine Hoffnung gefestigt, daß es hier Hilfe für ihn gibt. Denn manch einer kommt auch, der unter Schmerzen leidet, den ein kariöser Zahn quält oder eine eitrige Wunde, dessen Sehkraft nachläßt oder dessen Verdauungsapparat nicht funktioniert. Er hat oft gar keine andere Wahl, als sich dem marktschreierischen Scharlatan anzuvertrauen. Auf dem flachen Land ist er ganz auf ihn angewiesen, denn die studierten Ärzte wohnen und behandeln fast ausschließlich in den Städten. Wenn es ihm aber so schlecht geht, daß es kaum schlimmer werden kann, dann ist es ja nur allzu verständlich, daß er

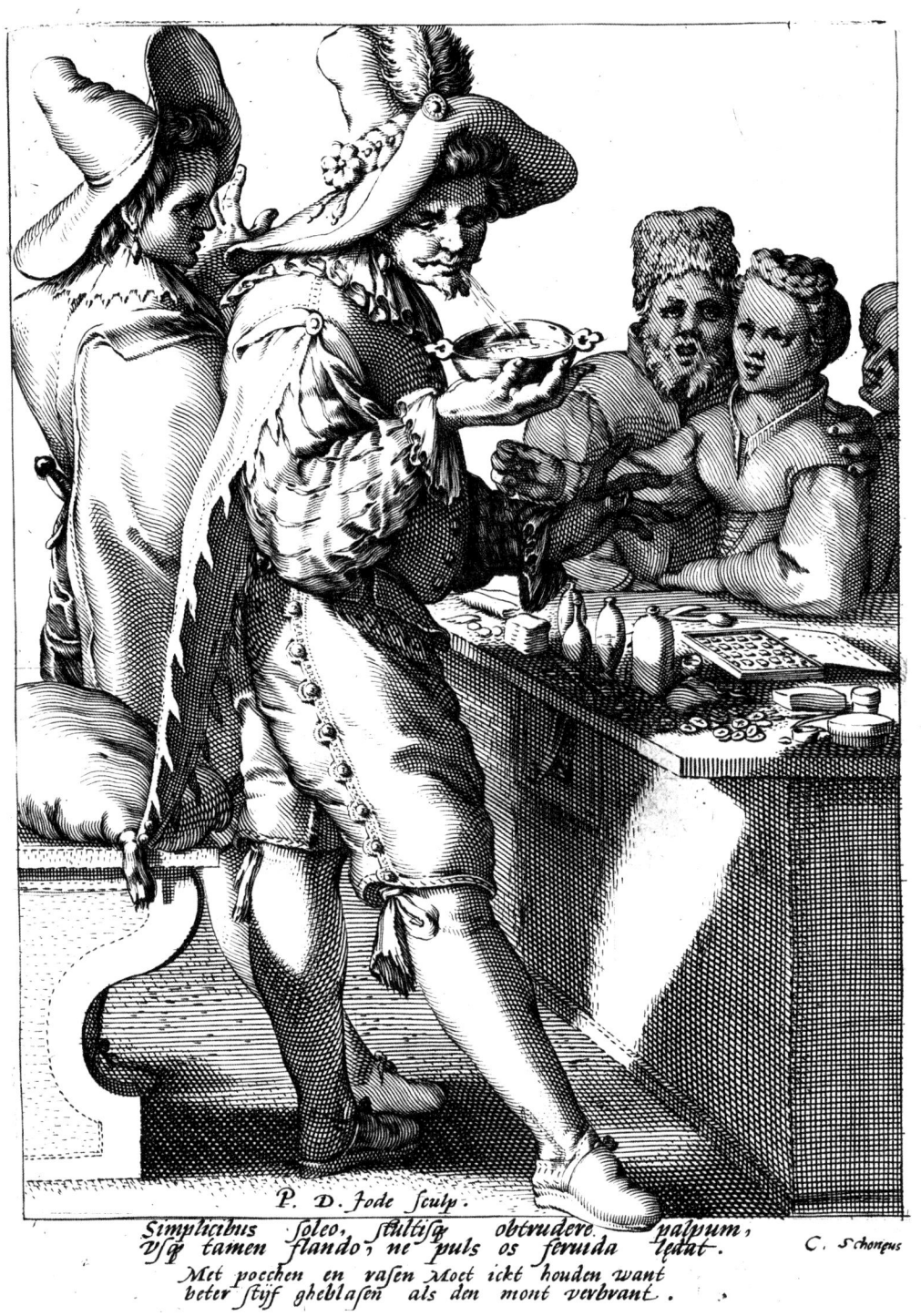

P. D. Fode sculp.

Simplicibus soleo, stultisꝗ obtrudere palpum,
Vsꝗ tamen flando, ne puls os feruida ledat.

C. Schonæus

Met poecchen en rasen Moet ickt houden want
beter stijf gheblasen als den mont verbrant.

Kupferstich von 1536:   „Der Quacksalber und sein Ausrufer"

seine ganze Hoffnung auf die geheimnisvolle Macht des Scharlatans über die Krankheit setzt und jede erfolgreiche Behandlung, der er beiwohnt, seine Glaubensbereitschaft verstärkt.

Da auf dem Land rund 80% der Bevölkerung ansässig war, ist der gewaltige Zulauf zu den Quacksalbern, der im 16. und 17. Jahrhundert seinen Höhepunkt erreichte, eigentlich nicht erstaunlich, sondern einfach die Folge der katastrophalen Heilversorgung dort. Überraschen muß dagegen, daß die Quacksalber in den Städten nicht weniger umlagert waren, obwohl den Menschen dort die sogenannten Stadt-Physici zur Verfügung standen, die Kranke umsonst oder gegen geringes, in eigenen Tax-Ordnungen festgelegtes Honorar behandelten. Sucht sich der Kranke nicht den Arzt aus, zu dem er am meisten Vertrauen hat?! Oft genug war das der Scharlatan.

Um das zu verstehen, muß man sich den erbärmlichen Zustand der Schulmedizin in Renaissance und Barock einmal klarmachen. Ihr Niveau unterschied sich kaum von dem der Medizin in den frühen Hochkulturen. Die in diesem Buch gesammelten Zitate und Dokumente beweisen vielfach, wieviel Unfug, wieviel Aberglauben die gelehrten „doctores" vertraten. Ja, selbst die fähigsten Köpfe der offiziellen Schulmedizin, die ganz unbestreitbar die Grenzpflöcke der Erkenntnis ein erhebliches Stück weiter in die terra incognita eingeschlagen haben, Männer also, die Wissenschaftsgeschichte

machten, lieferten unzählige Belege dafür, daß sie mit der anderen Seite fest verwurzelt waren im schlimmsten Aberglauben ihrer Zeit. Mit gelehrter Miene verkündeten sie ex cathedra den – aus heutiger Sicht – verrücktesten Unfug, gelehrten Hokuspokus! – Unfaßbar zum Beispiel, daß noch 1731 in dem damals jungen, dynamischen Königreich Preußen das oberste Medizinalkollegium ein Dekret verabschiedete, in dem finsterster mittelalterlicher Aberglaube Triumphe feiert. Bis 1744 (Kant war zu dieser Zeit 20 Jahre alt) hatte diese Vorschrift, wie Ärzte und Apotheker Pestamulette anzufertigen hätten, ihre Gültigkeit:

Helmonts Amulett gegen die Pest.

Wenn dies Mittel auch von einigen für nichts wert gehalten wird, so hat es sich doch vielfach, namentlich in dem Kriege, welcher in Ungarn zwischen den Kaiserlichen und den Rebellen geführt wurde, als die Pest fürchterlich wütete, bei vielfachen Versuchen der Ärzte bewährt, so daß es, wie man sagt, den triefäugigen Hexen und Barbieren schon bekannt ist. Man macht es aus großen, alten, an Nachmittagen des Monats Juni gefangenen Kröten, indem man dieselben mit den Hinterbeinen am Herde über einer mit Wachs bedeckten Schüssel, unter der ein Feuer angezündet ist, aufhängt. Nach drei Tagen hauchen die Kröten eine scheußliche Luft und Geifer aus, wodurch allerlei Gewürm, wie Fliegen herzukömmt, das auf dem Wachse kleben bleibt und noch Geifer dazu ausspeit. Wenn alle Kröten tot

Kupferstich des 16. Jh.: „Der Marktschreier"

sind, röste, zerreibe und mische man sie mit dem sorgfältig zusammengekratzten Geifer und forme etwa einen Zoll lange Rollen davon, denen man, wie einige angeben, die Gestalt einer Kröte geben muß. Diese hänge man, in Nesseltuch eingenäht, an einem seidenen oder leinenen Faden so um den Hals, daß sie auf der Herzgrube liegen. Je länger man sie trägt und gebraucht, desto sicherer bleibt man vor der Pest bewahrt.

Ebenso befremdlich ist uns jenes ärztliche Gutachten von 1644, in dem Sir Thomas Browne, ein medizinischer Schriftsteller und Leibarzt Karls II., beschwor, daß zwei verurteilte Weiber Hexen seien. Ein ähnliches Gutachten wurde noch 1750 von der medizinischen Fakultät der Universität Würzburg erstellt. Ein junges Mädchen wurde aufgrund dieser Beurteilung als Hexe verbrannt.

Diese drei Beispiele lassen uns neben manch anderen Zitaten in diesem Buch erkennen, daß die medizinische Kultur gar nicht nur und in erster Linie im Kurpfuschertum der Medikaster, der Laienärzte und fahrenden Heilkünstler einen Tiefstand hatte, sondern auch in der Schulmedizin bis in die Tage des jungen Goethe. Es gibt also in Renaissance und Barock – mindestens aus heutiger Sicht – nicht nur die gewöhnliche Quacksalberei der Schrei- und Afterärzte auf den Marktplätzen, die Quacksalberei „vulgaris", sondern auch noch eine zweite, die der studierten Ärzte, eine Quacksalberei „doctissima" sozusagen. (Vgl. S. 131)

Die gelehrten Ärzte pochten auf ihre Wissenschaft, die im wesentlichen darin bestand, die alten Autoritäten von Hippokrates bis Galen herbeten zu können. Und in ihrem roten Talar, ihrem Statussymbol, mußten sie dann vor den meisten Krankheiten ihrer Zeit doch kapitulieren. Nicht nur vor den großen Geißeln der Menschheit damals, vor Pest und Syphilis, gegen die noch kein Heilmittel gefunden war, auch vor manch harmloseren Krankheiten. Das lag vor allem daran, daß die Medizin ein viel zu theoretisches Fach war, weit weg von der notwendigen praktischen Erfahrung, die der Arzt aber schon allein in der Diagnostik gebraucht hätte. Ohne die modernen Diagnoseverfahren, wie zum Beispiel das Röntgen, mußte er die einzelnen beobachteten Symptome kombinieren können und trotz der riesigen Lücken, die sich zwangsläufig ergaben, zu einem Krankheitsbild finden.

Hierin, in der Nähe zum Patienten, im täglichen Umgang mit Wunden und Brüchen, mit Verdauungsstörungen und Herzbeschwerden, kurz in der praktischen Erfahrung, war der Scharlatan als „empiricus", aus dem später sogar der handwerksmäßig ausgebildete „chirurgus" hervorging, dem studierten Arzt meist überlegen. Viele fahrenden Heilkünstler hatten eine Universitätsausbildung abbrechen müssen, weil sie so kostenintensiv war, daß sie nur von einer verschwindend geringen Zahl von Begüterten bezahlt werden konnte. Diese

Kupferstich von 1648: „Der Quacksalber Georg Faber"

Halbgelehrten waren dann ins Lager der Marktschreier abgewandert und hatten ihre ersten Erfahrungen bei Kräuterweibern, Wehmüttern, Badern oder Barbieren gemacht. Beim Zuschauen und Nachahmen hatten sie sich große manuelle Fähigkeiten erworben. Ein erster Grund dafür, daß sich manch ein Kranker auch in der Stadt lieber vom Quacksalber als vom Stadt-Physicus behandeln ließ.

Es gibt einen zweiten, wohl noch gewichtigeren Grund: Als Marktschreier konnte nur der Erfolg haben, der auf dem Instrument der Wünsche und Bedürfnisse des breiten Publikums spielen konnte. Je geschickter er von seiner besonderen, fast magischen Qualität als Arzt zu überzeugen vermochte, je gekonnter er mit seinen Heilungen prahlte, desto vehementer wurde die Sehnsucht nach Befreiung von allen Schmerzen und der Wunsch nach dauernder Gesundung in den Reihen der Zuschauer. Wenn diese Sehnsucht dann auch noch angeblich ohne langwierige und mühsame Kur gestillt werden konnte, auf einen Schlag und dennoch auf Dauer, so wie man es im Märchen gehört hatte oder wie es die Bibel von den Wunderheilungen Jesu erzählte, so verschmolz der heiße Wunsch mit der eloquent erzeugten Hoffnung zu einer – psychologisch erklärlichen – übernatürlichen Heilserwartung, die in der Menge des gaffenden Publikums durch psychische Rückkoppelungseffekte noch verstärkt wurde. Objektiv waren die angebotenen Wundermittel sicher absolut untauglich, gelegentlich wohl sogar schädlich, aber subjektiv haben sich oft genug überraschende Heilerfolge eingestellt – Placeboeffekte, wie wir heute wissen, die aber die schon vorhandene Glaubensbereitschaft der Menschen zur Wundergläubigkeit steigerten. Zu dem handwerklichen Können der Quacksalber trat also noch ihr psychologisches Einfühlungsvermögen. Beides zusammen muß der Grund dafür sein, daß die fahrenden Heilkünstler ihr goldenes Zeitalter erlebten. Auf dem flachen Land waren sie die einzige, in der Stadt die letzte Hoffnung auf Heilung.

Dieses Buch sollte der medizinischen Subkultur gewidmet sein, den Nacht- und Schattenseiten der Medizingeschichte, die die üblichen historischen Abrisse der Medizin verständlicherweise gern in den Hintergrund drängen, weil dort die ruhmreichen Taten, die Entdeckungen und Fortschritte herausgehoben werden. Dieses Buch sollte Stümperei und Windbeutelei, Betrug und Geldschneiderei der Quacksalber und nur der Quacksalber dokumentieren. Bei der Suche nach zitierenswerten Textstellen befestigte viel Absurdes, viel Skurriles und manchmal auch Ekliges das Bild, das man von diesen Gaunern erwartete. Erstaunen konnte man nur darüber, daß die Schulmedizin im gleichen Boot saß, was die Tauglichkeit, respektive Untauglichkeit der Heilmittel anging. Eigentlich unterschied

Radierung des 18. Jh.: „Der Scharlatan"

nur das vorsätzliche Betrügen, das absicht-
liche Vorgaukeln von in Wahrheit nicht
vorhandenen Fähigkeiten den Quacksalber
vom gelehrten „doctor". So ist unversehens
ein Kuriositätenkabinett entstanden, das

beide Konkurrenten beleuchtet, die da um
die Gunst des zahlenden Publikums mit
höchst ungleichen Waffen kämpften: die
gelehrten Schulmediziner und die gewöhnlichen Quacksalber.

Ein klassisches Beispiel dafür ist die Herstellung und der Verkauf des berühmten Theriaks. Dieses Universalheilmittel sollte nach unstrittiger Meinung aller gelehrten Ärzte von der Antike bis zur beginnenden Industrialisierung gegen nahezu alle Krankheiten und Gebresten wirksam sein. Bahnbrechend für ganz Deutschland wurde jene älteste deutsche Pharmakopoe, die jahrhundertelang höchste wissenschaftliche Autorität beanspruchte. Nach dieser Pharmakopoe (amtliches Arzneibuch), die der berühmte Valerius Cordus 1543 im Auftrag der freien Reichsstadt Nürnberg erstellte, war der wichtigste Bestandteil dieses Wundermittels Schlangenfleisch, und zwar das Fleisch der im Mittelmeerraum beheimateten Vipera Redii. Der venezianische Theriak sollte absolute Spitzen-Qualität haben, war aber wegen der langen Transportwege außerordentlich teuer. So kam es, wie es kommen mußte: Die fahrenden Heilkünstler fälschten den Theriak! Statt der Mittelmeer-Vipern nahmen sie Kreuzottern oder andere einheimische Schlangen. Nun konnten sie ihren Theriak natürlich billiger anbieten. Wenn sich dann auch hier und da zufällige Heilerfolge einstellten – wieder wird der Placeboeffekt seine Wirkung dazu getan haben – dann wurde der Scharlatan geradezu überrannt, und er verdiente nicht schlecht.

Erbittert kämpfte nun die Obrigkeit gegen die Konkurrenten der „doctores", die diesen das Geschäft verdarben (s. S. 42). Die Fälschung des Theriaks galt als der allerschlimmste Betrug und als hinterhältige Scharlatanerie. Heute können wir über diese Querelen nur lächeln, wissen wir doch, daß der echte venezianische Theriak der gleiche medikamentöse Hokuspokus war wie der gefälschte, ein Beweis dafür, wie nah die wissenschaftlich-gelehrte Quacksalberei der ordinär-betrügerischen war, wobei letztere eben den Vorteil hatte, billiger und wegen der psychologisch geschickten Anpreisung oft auch wirkungsvoller zu sein. Obwohl aber das jeweilige Stadtregiment dem Treiben der fahrenden Heilkünstler äußerst mißtrauisch auf die Finger sah, verbot es ihr Auftreten doch nicht ganz. Scharlatane wurden ähnlich wie die jüdischen Geldwechsler, die Abdecker und Scharfrichter und die Dirnen als ein sozialpolitisch leider notwendiges Übel geduldet.

Fast revolutionär wirken da die Ratserlasse der freien Reichsstädte Nürnberg und Augsburg. In diesen Medizinal- und Apothekerordnungen, die gelehrte Ärzte und Professoren erarbeitet hatten, wurde dem ordinären Kurpfuschertum der Kampf angesagt. Allerdings ersetzte man aus heutiger Sicht die gewöhnliche Quacksalberei über große Strecken nur durch die gelehrte. Dennoch brachten diese Ratserlasse eine erste Ordnung in das Gesundheitswesen und legten damit die Fundamente für eine moderne Heilversorgung.

Ich bin der Doctor von Calabrian
Der den wurm schneid vnd distilliren kan
Dem die würm, mucken vndt hasen plagen
Will ich ein Remedium bäld sagen.

Spiritus
Essentia
Quinta

Satirischer Kupferstich des 17. Jh.: „Der Wunderdoctor"

Eine solche Fortschrittstendenz wird auch in jenem Pesterlaß der Stadt Regensburg sehr deutlich, der in seinem ersten Teil allerdings noch ganz den alten Vorstellungen verhaftet ist. Fortschritt fand im Medizinwesen der Renaissance und des Barock nach Art einer Springprozession statt, zwei Schritte vor, einen Schritt zurück. Nur ganz allmählich verlor der urwüchsig-elementare Aberglaube an Kraft. Auch die kaum faßbare Wissenschaftshörigkeit gegen uralte Autoritäten wie Hippokrates, Galenus, die Salernische Schule oder die von Montpellier konnte nur sehr langsam überwunden werden. Ein Zweifeln an deren Lehrmeinungen wurde fast einer Gotteslästerung gleichgestellt. Im ersten Teil des oben erwähnten Pesterlasses wird Krankheit noch ganz aus theologischer Sicht gesehen. Die Seuche ist danach die gerechte Strafe Gottes für das sündhafte Treiben der Menschen. Wenn aber die Sünde als die Ursache der Krankheit erkannt wurde, mußte die Therapie logischerweise diese Ursache bekämpfen. Das Gebot der Obrigkeit hieß deshalb: Beten und Bußetun.

Im zweiten Teil des Erlasses wird dann ganz rational argumentiert und den unglaublichen hygienischen Verhältnissen entschieden zuleibegerückt, die ganz richtig als Auslöser für die rasche Verbreitung der Seuche erkannt wurden. Der Erlaß schreibt vor, wann, wo und wie Unrat zu beseitigen sei, und er nennt die – drastischen! – Strafen, die derjenige zu erwarten hatte, der sich nicht an die Vorschrift hielt. Der offenkundige Erfolg dieser seuchenpolizeilichen Maßnahmen führte dazu, daß andere Städte sie nachahmten. Und je besser die Seuche durch den medizinisch-hygienischen Fortschritt eingedämmt werden konnte, desto weniger versuchte man, sie mit Gebet, Buße und Reue abzuwehren.

Auch auf einem anderen Gebiet ist in dem beschriebenen Zeitraum ein Fortschritt, oder besser ein langsamer Rückgang der schlimmsten Auswüchse, zu finden: in der Arzneimittelherstellung. Ursprünglich sollten nach geltender wissenschaftlicher Meinung in keiner Apotheke als wichtige Heilmittel Blut und Fett, Haut und Leber von Hingerichteten fehlen. In gebildetem Latein hieß das dann „Adeps hominis = Armer Sünder Fett", „Cranium humanorum = geraspelte menschliche Hirnschale", „Oleum ossium humanorum = Öl aus Menschenknochen". Der gelehrte Arzt und Apotheker mußte sich deshalb mit Henkern und Scharfrichtern als seinen Lieferanten gut stellen. Aber auch mit Kräuter- und Wurzelstechern und ebenso mit den Jägern, denn „Cervi genitale = Rute des Hirsches", „Epar lupi = Leber des Wolfes" und „Pili lepori = Haare des Hasen" waren weitere Ausgangsstoffe für die Arzneimittelherstellung. Jäger, Kräuterstecher und Henker, Berufsgruppen, die mit der Heilkunst gar nichts gemein hatten, merkten bald, daß es ja viel lukrativer war, selbst zu praktizieren, als nur das Material zu liefern. Deshalb wechselten sie oft in das Lager der Laienärzte über, sobald sie ihren studierten Vorbildern die wichtigsten Elementarkenntnisse abgeschaut hatten. – Wie grausig die Vorstellung, von einem Henker behandelt zu werden! Wie ekelerregend der Gedanke, Medikamente aus menschlichen Substanzen schlucken zu müssen!

Um es noch einmal zu betonen, diese infernalischen Arzneimittel wurden nicht etwa nur von Quacksalbern in der hinter-

Doctor Wurmbrandt.

Spottbild des 17. Jh.: „Doctor Wurmbrand als Grillenheiler"

sten Provinz, sondern ganz selbstverständlich auch von den gelehrten Ärzten angewandt. Selbst ein so genialer Wissenschaftler wie Johann Joachim Becher (1635–1682), der als erster Leuchtgas aus Steinkohle darstellte, der die Reform des Zuchthauswesens einleitete und der in der Volkswirtschaft richtungsweisend wurde (s. S. 35), schrieb in seinem medizinischen Lehrbuch „Parnassus medicinalis illustratus" ein Gedicht über die Verwendung menschlicher Körperteile:

„Der Mensch, das Ebenbild, welchs Gott ist angenehm,
hat vier und zwanzig Stück zur Arztney bequem.

Gepulvert Menschen-Bein das braucht in rothem Wein |
Ein drachma Bauchflüß | und den Durchlauff stellet ein | .
Vom Mark | wie auch vom Öl auß Beinen destillirt |
Das schlimme Podagra heylsam vertrieben wird.
Die Hirnschal präparirt ein Scrupel am Gewicht |
Vertreibt die schwere Noth oder das Kinder-Gicht.
Das Moos von Köpffen so seynd an die Lufft gestellt |
Stillts Bluten | so man es nur warm in Händen hält.
Die Mumi resolviert geronnenes Geblüt |
Vor Miltzesstechen und vor Husten er behüt.
Blähung und Wind deß Leibs | verhaltne Weiberszeit |
Zwei Quintlein öffnen die | zum Pulver seynd bereit.
Zerlassen Menschen-Fett ist gut vor lahme Glieder
So man sie darmit schmiert | sie werden richtig wieder.
Es fördert die Geburt | kan Mutterweh verjagen,
Wenn man von Menschen-Haut thut einen Riemen tragen.
So man von Menschen-Haar ein Wasser brennen thut |
Mit Honig dann vermischt | zum Haarwuchs ist es gut.
Der Geist von Knaben-Harn eröffnet | und macht dünn
In mancher Noth thut er das seine mit Gewinn.

So aus dem Menschen-Hirn ein Wasser wird bereit |
Ein Scrupel dessen hilfft | und stillt das böse Leid.
Gepulvert Menschen-Herz nemt eine Drachmam ein |
So wird die schwere Noth ihr Wüten lassen seyn.
Das Wasser | Öl und Salz von jungem Menschen-Blut |
Ist vor die Lungensucht und böses Wesen gut.
Extract von Menschen-Gall getröpfelt in die Ohren
Den Tauben hilffts | ob sie gleich weren so geboren.
Die Milch von Weibern kühlt | sie lindert auch darbey
Macht Butter nur darauß, sie hilfft den Augen frei.
Die grosse Schmertzen so durch Hexerey gemacht |
Die werden durch den Koth deß Menschen weggebracht.
So man die große Kröpff am Hals vertreiben will |
Frisch Wullkraut man alsdann mit Menschen-Schweiß erfüllt.
Es wird durch Menschen-Stein der Menschen-Stein vertrieben |
Wenn man ein Drachmam nimmt zuvor wol fein gerieben.
Das Ohrschmaltz stellt im Trunk die Colicschmertzen ein |
Es macht die Schrunden und die Wunden ziemlich klein.
Die Nägel präparirt | die thun vomiren machen |
Doch eine Drachmam muß man brauchen zu den Sachen.
Der nüchtre Speichel kann die böse Bisse heylen
Von Schlangen | Hunden auch | doch muß man damit eylen"

Kupferstich von 1697: „Doctor Eisenbarth"

Kupferstich des 18. Jh.: „Der Quacksalber"

Rezepturen eines gelehrten Mediziners? –
Quacksalberei „doctissima"!
Wenn von Fortschritt die Rede sein soll,
muß man mit Johann Michael Moscherosch (1601–1669) beginnen. Er zog gegen
die grausigen, ekligen und nutzlosen Arzneimittel in seinem Buch „Wunderliche und
wahrhaftige Geschichte Philanders von Sit-
tenwald" zu Felde:
*„Welche Kranckheit solte nicht erschrecken, und
vor furcht aus dem Leib fahren, wenn sie an daß
Mumia, Menschenfleisch, Menschenschmalz,
Menschenbein, Moß aus eines gehenckten Diebes*
*Hirnschale, Hund- Katzen- und Pferdefleisch und
feiste, und anderes, damit man ihr gefährlichen
thät nachsetzen, gedencket? Zudem wenn die
Herren Medici und Apothecker den, ihnen sonst
unbekandten Stand unnd disposition eines
Krancken wissen wollen, so haben sie mit Ehren
zu melden, ja nichts als den Harn und Koth deß
Menschen; zu welchen beyden Stücken sie, als zu
Oraculis Delphicis, all ihr vertrauen setzen, und
daraus de bono et malo hominis statu meistentheils judiciren. O der grausamen Inquisition, da
man ohne Gewissen und Wissen daß Menschliche
Leben und Seele also durch daß unnötige purgi-
ren und Aderlassen aus dem Leibe bannet."*

Radierung von 1741: „Der Theriakhändler"

Viele Beispiele und Zitate in diesem Bildband belegen die „gelehrte Quacksalberei" der studierten Ärzte. Umgekehrt war medizinischer Fortschritt oft das Verdienst von Quacksalbern. Anders als die studierten Ärzte, die ihr medizinisches Können aus „zweiter Hand" erwarben, waren die Scharlatane auf ihre Erfahrung angewiesen. Als ein solcher „Empiriker" kam Robert Tabor (1642–1681) auf die Idee, die Wirkung des Chinins auf Patienten in Malariagebieten experimentell zu erforschen. Chinin hatte er unter dem Namen „Jesuitenpulver" kennengelernt, als er noch Apothekerlehrling in Cambridge war, und er wußte wohl, daß dieses Mittel in größeren Dosen oft gefährlich wurde. Er verabreichte es deshalb über einen längeren Zeitraum in kleinen Dosierungen und war damit unerhört erfolgreich. Nun hatte er sein Wunderheilmittel und ließ sich selbst als Wunderarzt feiern. Nachdem es ihm gelungen war, König Karl II. vom Malariafieber zu erlösen, wurde er sogar in den Adelstand erhoben. Sein propagandistisches Können, die Fähigkeit, sich selbst und sein Präparat ins rechte Licht zu setzen, stempelt ihn als „Marktschreier" ab, obwohl er mit seinem Chinin-Versuch Medizingeschichte schrieb. Darin ist er Paracelsus, Thurneysser, Bartisch oder Dr. Eisenbarth vergleichbar, die ebenso geniale Denker wie „Werbespezialisten" waren und deshalb ihre oft richtigen Mittel und Methoden mit scharlatanesker Gebärde verkauften.

Auch auf chirurgischem Gebiet leisteten Quacksalber oft Pionierarbeit. Als Beispiel sei die wohl erste orthopädische Operation erwähnt: die Behandlung des Schiefhalses durch die Durchtrennung des Kopfnickers. Die gelehrten Ärzte wagten sich an einen solchen Eingriff offensichtlich deshalb nicht heran, weil sie glaubten, daß die Sehnen mit den Nerven eng verwandt seien und ein Schnitt deshalb schlimme Folgen haben müsse.

Die Quacksalber gingen unbelastet von dieser alten – und falschen – Erkenntnis an den Schiefhals heran und erwarben sich solche praktischen Fähigkeiten, daß es bald Spezialisten gab, die diese Operation mit großer Sicherheit ausführten. Schon in der zweiten Hälfte des 17. Jahrhunderts beschrieb der englische Geistliche John Ward in seinen Tagebüchern die von Marktschreiern routiniert ausgeführte Durchtrennung des Kopfnickers und die rasche Heilung der Patienten.

Dieses Buch beschreibt in Bild- und Textdokumenten den Übergang von der Klostermedizin des Mittelalters zur wissenschaftlichen Medizin der Moderne. Einerseits beherrscht in diesen dreihundert Jahren die Figur des Quacksalbers das Heilwesen in Quantität und manchmal auch in Qualität mehr als der gelehrte Arzt (ein Trennstrich zwischen beiden ist gar nicht so leicht zu ziehen, wie wir gesehen haben). Andererseits wird in diesem Zeitraum von

Spottblatt des 18. Jh.: „Die Universalmedizin"

der Renaissance zum Barock und Rokoko das Fundament unseres heutigen Gesundheitswesens gelegt. Die Berufsbilder bekommen langsam klarere Konturen und die Ausbildungen werden festgelegt. Damit kommen Ordnung, Einheitlichkeit und Rationalität in das Ärzte- und Apothekerwesen. Für diese Entwicklung waren die Dekrete der großen und reichen Freien Reichsstädte Nürnberg, Augsburg und Frankfurt richtungsweisend. Wundärzte, Zahnbrecher, Starstecher, Stein- und Bruchschneider stiegen in dieser Zeit von der untersten sozialen Stufe zu angesehenen Handwerkern auf, reglementiert und kontrolliert durch ihre Innungen. Ein weiter Weg, wenn man bedenkt, daß diese oft aus den „unehrlichen" Berufen Bader, Barbier oder Scharfrichter kamen! (Erst 1548 hatte Karl V. die Barbiere ausdrücklich für „ehrlich" erklären lassen. Aber der kaiserliche Erlaß wurde vom Volk offensichtlich nur widerwillig akzeptiert, denn er mußte 1577 von Kaiser Rudolph II. wiederholt werden.)
Parallel dazu entwickelte sich aus dem „apothecarius", dem Lagerarbeiter der Gewürzkrämer, und aus dem Kräuter- und Wurzelstecher der geachtete, selbstbewußte Bürger, der dem Handwerker gleichgestellt war, seit er im Arzneimittelhandel mehr und mehr monopolisiert wurde.

Mit dem Zugang zur akademischen Ausbildung stiegen dann immer mehr handwerksmäßig ausgebildete Ärzte und Apotheker zur höheren Stufe der Kaufleute und Patrizier auf. Aber es dauerte noch fast dreihundert Jahre (!) – nämlich bis in die Revolutionswirren von 1848 – bis das Universitätsstudium auch für die Chirurgen und Apotheker, für Zahn- und Augenärzte obligatorisch wurde.

Als so ein geregeltes Medizinalwesen mit Ausbildungs- und Approbationsordnungen unter staatlicher Aufsicht entstanden war und die raschen Fortschritte der Naturwissenschaften völlig neue Möglichkeiten eröffneten – da verschwand die kulturgeschichtliche Gestalt des Quacksalbers von den Messen und Märkten, die er dreihundert Jahre lang beherrscht hatte. Die moderne Medizin machte ihn überflüssig!

Kupferstich von 1776: „Der Quacksalber Michael Schuppach"

Kupferstich aus dem Jahr 1767: „Der Quacksalber als Zahnbrecher und der Hanswurst als Pillenverkäufer."

Quacksalber-Anekdoten

Nur aus der Entfernung von Zeit und Raum und aus der Sicherheit heraus, selbst den quacksalberischen Behandlungsmethoden nicht ausgesetzt zu sein, kann man über manchen Heilversuch heute herzlich lachen. So ist in der Reisebeschreibung des Luigi Vartomans aus Bologna (1503) jener Patient erwähnt, der an Kopfschmerzen und Verstopfung litt. Obwohl selber kein Arzt, glaubte Vartomans, genug von den Praktiken seines medizinisch erfolgreichen Vaters gesehen zu haben, um helfen zu können. Er bereitete aus Eiern, Zucker, Salz und verschiedenen Kräutern eine Arznei. Doch sie verschaffte dem Patienten keine Erleichterung. Da wählte er ein stärkeres Kaliber. Er mixte ein Klistier, das der arme Kranke in scheußlich unbequemer Lage verabreicht bekam. Seine Füße waren nämlich mit Stricken hochgebunden worden, so daß er mit Kopf und Händen auf der Erde stand. Eine Viertelstunde ließ man ihn so schreiend hängen, bis Vartomans sah, „dz im der todt wolt nahen". Man befreite ihn, und das Klistier wirkte, „das es von jm schoß oben und unden als ob ein Vaß beid böden ausgeschlagē werē, schier ein halber kübel voll".

Ebenso wirkungsvoll, aber kaum sanfter wurde mehr als zweihundert Jahre später in Paris ein Patient von seiner Kolik befreit. Dort hatte – wie man 1729 in der „Vossischen Zeitung" lesen konnte – der Arzt den Kranken kurzerhand aus dem Fenster ins Wasser werfen und durch bestellte Leute auffangen lassen. Diese Schocktherapie hatte ihn besser als alle vorher eingenommenen Medikamente kuriert.

Wieviel angenehmer war es da doch, sich als Skrofuloser (von Hauttuberkulose Befallener) in Versailles vom König selbst behandeln zu lassen! In Frankreich glaubte man seit dem 12. Jahrhundert, daß der König durch Handauflegen die Skrofeln heilen könne. Da der König den Kranken aber nicht nur seine königliche Berührung, sondern auch zwei Sous, den Fremden sogar fünf Sous, zukommen ließ, wurde mancher nur allzuoft und allzugern krank. Die Simulanten sollten daher von den königlichen Ärzten bei einer vorgeschalteten Untersuchung aussortiert werden. Und nach der Behandlung wurden die Patienten samt ihren Sous abgeführt, damit sie sich nicht ein zweites Mal „heilen" ließen. Während der Zeremonie sorgten Gardeoffiziere für die Sicherheit des Königs. Einer nahm die Hände des knieenden Kranken, ein zweiter den Kopf, während der König über dem Gesicht das Zeichen des Kreuzes machte und dazu sprach: „Der König berührt, Gott heilt dich." 700–800 Skrofulose sollen sich an diesen Behandlungstagen in Versailles eingefunden haben. Eine beachtliche Zahl!

Einen Patientenkreis vergleichbarer Größe erreichte auch Leonhard Thurneysser (1520–1596), obwohl er saftige Preise verlangte. Er war eine schillernde Persönlichkeit. Als seriöser Wissenschaftler machte er zum Beispiel auf mineralogischem Gebiet hervorragende, präzise Beobachtungen, aber gleichzeitig verfaßte er mysteriöse und diffuse Schriften als Alchemist. Der Quacksalber Thurneysser zeigte sich als gerissener Geschäftsmann mit seiner grandiosen Idee, Diagnosen aufgrund von Harnanalysen zu stellen. Grandios deshalb, weil er mit dieser Methode auch Patienten „behandeln" konnte, die von weit her Harnproben schickten. Er diagnostizierte die Krankheit und ließ dem Kranken gleich das passende Heilmittel zusenden – aus eigener Herstellung selbstverständlich. Zehn bis zwölf Sekretäre mußte sich der wendige „Mediziner" in seiner Glanzzeit halten, um der gewaltigen Korrespondenz Herr zu werden!

Ebenso geschäftstüchtig war Joanna Stephens, die allerdings weder Leonhard Thurneyssers „Allround-Genie", noch seinen durchaus wissenschaftlichen Forscherdrang hatte. Gemeinsam war den beiden nur der siebte Sinn dafür, wie man den Menschen das Geld aus der Tasche ziehen konnte. Die Quacksalberin erfand ein Mittel, das einem Grundübel der englischen Gesellschaft zuleibrücken sollte, den Blasen- und Nierensteinen. Das reichliche Essen und übermäßige Trinken rief diese schmerzhaften Erkrankungen besonders häufig in der gehobenen Gesellschaft hervor. Joanna profitierte von einigen zufälligen Behandlungserfolgen und von der Bereitschaft jener Zeit, Phantastisches zu glauben. Und phantastisch war ja, was das Medikament bewirken sollte: die Auflösung der Steine im Körper. Natürlich waren die Menschen, die sich vor diesem verbreiteten Leiden und der Operation als der einzigen bekannten Behandlungsmethode fürchteten, begierig darauf, dieses Wunderheilmittel kennenzulernen. Und Joanna war auch bereit, der Menschheit mit ihrem angeblichen Wissen zu helfen, wenn ihr diese dafür 5000 Pfund zahlen würde. In den höchsten Gesellschaftskreisen versuchte man, die gewaltige Summe aufzutreiben. Manch ein Herzog, manch ein Kardinal sagte seine Unterstützung zu, aber das Geld kam nicht zusammen. Doch Joanna gab nicht auf und erreichte schließlich fast Unglaubliches: Die 5000 Pfund wurden ihr 1739 per Parlamentsbeschluß aus der

Hieronymus Bosch (um 1450–1516): „Der Scharlatan";
Saint-Germain en Laye, Musée municipale

Staatskasse dafür gezahlt, daß sie die harmlose Zusammensetzung ihrer wertlosen Arznei verriet.

Joannas Zeitgenosse James Graham hatte seinen Kunden für das Geld, das er ihnen abknöpfte, wenigstens etwas zu bieten, wenn auch nicht das, was er eigentlich versprach. Sein Wundermittel hieß Elektrizität, und damit lag er genau richtig im Trend der Zeit. Neue wissenschaftliche Erkenntnisse über Wesen und Wirken elektrischer Ströme trafen zusammen mit abenteuerlichen Vorstellungen von geheimnisvollen Kräften, die der Elektrizität innewohnen sollten, und machten diese nur um so glaubhafter. Der Boden war bereitet für Grahams „Himmlisches Bett", in dem eben jene mysteriöse Kraft wirken sollte. Das Bett selbst war mit allen Raffinessen ausgestattet. Weihrauch und Parfümdüfte schufen eine besondere Atmosphäre, unterstützt noch durch dezente Background-Musik. Es fehlten weder die von Graham selbst komponierten anregenden Medikamente noch eben jene elektrischen Ströme, die durch eine Art Röhre zum Bett geleitet wurden. Trotz des horrenden Mietpreises war das „Himmlische Bett" ständig ausgebucht, doch ist nicht überliefert, ob die darin gezeugten Kinder wirklich von so vollendeter Schönheit waren, wie Graham es versprochen hatte. Gesund wurde in diesem „Tempel der Gesundheit" – so nannte

Graham sein Haus – ganz sicher Graham selber!

Nicht immer kam das bunte Völkchen der Quacksalber so schnell zu Rang und Namen und damit zu Reichtum. Das Metier konnte auch ausgesprochen gefährlich werden. Dem großen Abenteurer und Schwindler Cagliostro war es zum Beispiel nicht gelungen, in Petersburg Katharina II. für sich zu gewinnen, so daß er, statt ganz oben bei Hofe einzusteigen, wieder mit einfacher Quacksalberei beginnen mußte. Der Leibarzt der Kaiserin, der, wie alle etablierten Ärzte, im Quacksalber den gefürchteten Konkurrenten sah, forderte ihn zum Duell auf Degen auf. Doch Cagliostro schlug eine stlechtere Waffe vor: Gift! Die Kontrahenten sollten das Gift des Gegners schlucken und sich selbst dann durch ein eigenes Gegengift retten. Der kaiserliche Leibarzt Rogerson ließ sich auf dieses „Quacksalberduell" allerdings wohlweislich nicht ein.

Beinahe zur gleichen Zeit fiel ein Apotheker in London sich gewissermaßen selbst zum Opfer. Er hatte einem angesehenen Mann ein Medikament bereitet, das diesem grausige Schmerzen verursachte. Der Kranke bestellte den Apotheker zu sich und zwang ihn, indem er ihm den Degen auf die Brust setzte, den Rest der Medizin zu schlucken. Die Vossische Zeitung berichtete 1767 von diesem Vorfall und fügte als Schlußbemerkung hinzu, daß das Versehen des Apothe-

**Pieter van Laer (um 1592–1642): „Der Scharlatan";
Kassel, Staatliche Kunstsammlungen**

kers bei der Zusammenstellung der Arznei vermutlich beiden das Leben gekostet habe.

Daß Quacksalber nicht nur gefährlich lebten, wenn sie in Quacksalberduellen ihre Meisterschaft an sich selbst unter Beweis stellen sollten oder wenn sich ganz andere Folgen auf ihre Behandlungen einstellten als versprochen, das beweist die folgende Anekdote. Johann Joachim Becher (1635–1682) war wie Thurneysser ein außergewöhnlich vielseitiger Mann, der alchemistische Versuche in wissenschaftliche Systeme einzuordnen verstand, der sich als Volkswirtschaftler einen Namen machte und weit vorausschauend einen Rhein-Main-Donau-Kanal als Wasserverbindungsstraße vorschlug. Dieses Universalgenie hatte als Arzt und Pharmazeut – das Wort „Quacksalber" will auf einen so klar denkenden Menschen so gar nicht passen, wenn uns seine Rezepte aus heutiger Sicht auch quacksalberisch erscheinen – ein erschreckendes Erlebnis, als er Schlangenpulver herstellen wollte. Die Schlangen sollten bei lebendigem Leib gedörrt werden. Dazu hatte er einen großen, mit Lehm verschlossenen Topf voller Tiere langsam erhitzen lassen. Der Lehm war aber etwas zu naß gewesen und bekam in der Hitze Risse. Als nun die Schlangen das Feuer spürten, wollten sie sich mit aller Gewalt befreien, stießen den Lehmdeckel auf und kamen, wie Becher erzählt „mit solcher Furi heraus auf uns gesprungen, die Zungen gespitzt, herauß gesteckt, daß wir beide in großer Angst und Eil die Thür haben treffen und uns mit der Flucht salviren müssen".

Nordniederländisch (um 1620): „Der Quacksalber";
Amsterdam, Rijksmuseum

Zitaten-Mosaik
aus der Welt der Quacksalber

Quacksalberei – ein überregionales Problem
(Vom Augsburger Reichstage, 1548)

„Marckt-Schreyer, Ruff-Ärzte, Zahnbrecher, Murmelthier-Schmeltzer, die sich wegen grosser Wissenschaft allerlei Künste und der Arznei fast heisser ruffen, biß sie den Leuthen genug Heller abklauben und abgaunern, solche mögen zwar ihre Zähne brechen, bei denen, so vor sich selbst Lust darzu haben, exerciren, auch das Murmelthier-Schmaltz verkauffen, bevorab in dreien Messen; da sie aber mit Betrug umgingen, oder verbottene und solche Sachen, welche leichtlich zu verfälschen, als Theriack, Mithridat, Gifft-Lattwergen, so in wohlbestellten Apotheken ohnediß zu bekommen, item purgierende und das Geblüth treibende Dinge oder Gifft feil hätten; sollen ihnen die Waaren genommen, auch sie darum ferner ernstlich gestraft werden."

Adriaen Brouwer (1606–1638): „Der Quacksalber";
Karlsruhe, Staatliche Kunsthalle

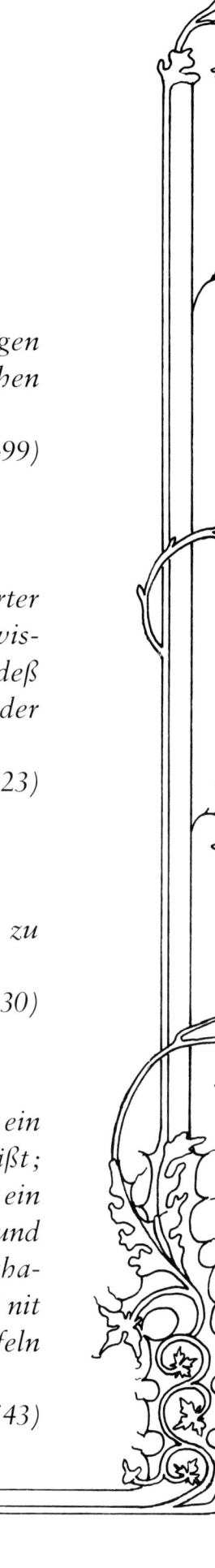
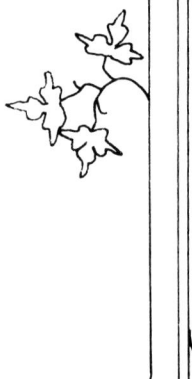

Nürnbergs Kampf gegen die Kurpfuscher
(Notizen des Stadtschreibers)

„A. 1499. Hannsen Bock von Freisingen sind dieß Jahr wegen betrüglicher Arznei und falscher Kunst beide Augen ausgestochen worden."

(1499)

„Item Jorgen Ramminger von Würzburg, der sich als ein ungelarter unterstanden, in dieser statt unapprobiert seiner kunst, auch unwissend ains rats, wund- und leibartznei zu treiben, ist angesagt, sich deß genzlich zu enthalten, mit dem bedroen, werd ain rat mit annder ernstlicher straff gegen ihme einsehen thun."

(1523)

„Katharina Schymlin nochmals warnen, ires artzneiens müssig zu steen, oder man werde ir die stat verpieten."

(1530)

„Als sich Bernhart Scholler, so hievor ein leinweber gewesen, jetzt ein docktor der artznei schelten, auch für einen solchen prauchen läßt; desgleichen auch Katharina Kholerin, im wörder thürlein, sich für ein ärztin dargiebt, ist beim rath erlassen, sie beide zu beschicken und schwören zu lassen, sich alles artzeneiens in leib, auch prunnenschawens, ratens, und was dem anhengig, ernstlich zu enthalten und nit mer zu geprauchen, und sollen inen auch die außgehenkten tafeln abgeschafft bevolhen werden."

(1543)

Andries Both (1608 – vor 1649): „Der Quacksalber";
Stockholm; Kunstsammlung der Universität

Wirkliche „doctores" klagen an

Orsach dan schyr yderman ertzny tryben wyl und doch dy kunst der ertzny nyt wyssen oder kunen. Da durch dan myr und andern bewertten ertzten das brott wortt abgesnytten.

Johann von Soest, Stadtphysicus von Frankfurt, 1502

Es ziehen jr eyn theyl durch die land, mit jren meysterstücklin, legen auß auff den märgkten, stetten und dörffern, haben feyl etliche stücklin, confectiones, pulveres, aquas, olea, und andere composita, mit sampt etlichen simplicibus, brost küchlin, worm samen, Pestilentzpulver, und allerley wurtzeln, rümen jre ding hoch, geben jnen erdichte hohe namen, sprechen: Das ist Electuarium vite, das ist eyn aqua vite, das seind perlin küchlin, das seind Reubarbara küchlin ... Das ist eyn Hispanisch pflaster, das ist eyn Venedisch salb, das ist eyn balsam auß der Heydenschaft, heylet alle schäden, frisch unnd alt, trüß und beuln. Diß seind Kalakutische bonen, und das eyn frucht auß India. Dergleichen geben sie jnen die höchsten titel auß ferren landen: sie geben jrer kremerei grosse namen, und hohe titel auß ferren landen, haben doch zu abenthewer solche jre simplicia, darauß sie es gekocht und gemacht haben, des meren theyl auff den wisen oder matten gegraßt und gesamlet, hartz und wachs, terpentin und baumöl darunder, oder honig und zuckermel, ist etwan das best so darin ist. Aber was ist es, sie schreien laut, rüffens auß, und loben das alles auff das höchst, sie können den schwatz und das mundtwerk wol, das gemeyn Volk laufft zu, glaubt bald, wird betrogen.

Philipp Begardi, Stadtphysicus von Worms, 1539

Ebenso habe er den entsetzlichen Haufen der Chirurgen kennen gelernt, die jeglicher Bildung entbehrend und durchwegs Analphabeten, auf gut Glück ans Handwerk schreiten, Verrenkungen auf das grausamste mißhandeln, das ganze Fieber aus der brauntrockenen Zungenfarbe als „Brein" diagnostizieren, mit verdünntem Pferdekot,

Adriaen van Ostade (1610–1685): „Der Quacksalber";
Haarlem, Frans-Hals-Museum

gestoßenen Krebsschalen die Zunge, den vermeintlichen Sitz der Krankheit, malträtieren. Wie traktieren sie Phlegmonöse und Erysipelatöse mit Abwaschungen, mit stinkenden Salben, verstopfen mit Pferdekotzen, Ziegenhaaren die Wundöffnung, und bringen deren ganze Umgebung in Fäulnis? Haupt- und Gehirnwunden wollen sie mit aufgelegten Fetzen kurieren, dabei förmlich mit Eiterkrusten das Gehirn verklebend und den Brand züchtend. Wie leidet die Menschheit unter dem Geiz, Unverstand und Aberglauben solcher Heilkünstler? Warum schreitet die Obrigkeit nicht gegen sie, die praktizierenden Juden und entlaufenen Mönche, ein und verbietet den Unfug des Kurierens?

Um daher die armen Kranken vor der Schinderei und den betrügerischen Gaukeleien solcher Leute zu schützen, habe ich, obschon von der Last der Geschäfte beinahe erdrückt und durch die weitverstreuten Krankenbesuche in Anspruch genommen, nebenbei diese medizinischen Briefe niedergeschrieben. Ich habe darin aus der Zahl der ‚Dreiheller-Ärzte‘ gewisse Typen aufgestellt, deren ganze Kunst von den Harnzeichen abhängt, um unbekannte Krankheiten und die richtige Behandlungsmethode zu verkünden. Ebenso ist es meine Absicht, die verderblichen Betrügereien dieser durchtriebenen Schelme aufzudecken, die den Säckel der Bettlägerigen ausbeuten und den unzeitigen Tod der Leidenden beschleunigen. Unbekümmert um deren Mißgunst, Gezänk und Verleumdung, will ich mich ihrem Neid aussetzen, der mir der Ansporn zur Rechtschaffenheit und zum Studium sein wird.

Johannes Lange, kurfürstlicher Leibarzt, 1554

Zum ersten, wiewol sie offt mit statlichen Titel der Arzt und Doctores, fürnemlich aus frembden, weit gelegenen Ländern und unbekannten Örtern brangen, auf daß ihr falsch Fürnehmen und erdichtete Sündt nicht bald offenbar können werden, so scheuen sie doch und meiden andere fromme Ärzt und verdrüst sie, wenn man von den Sachen aus der rechten Kunst und auß dem Grundt mit ihnen handeln will, fürnemlich in lateinischer Sprach, da sie fürgeben, sie lassen ihre Kunst niemandt wissen, dann sie kost gar viel und sei ihre Nahrung, und wenn sie gleich nicht gelehrt, so sein sie doch so wol erfahren als

David Teniers d. J. (1610 – 1690): „Der Quacksalber";
Leipzig, Museum der bildenden Künste

andere, das sonderlich in Betriegen und Liegen war ist, so doch in kaiserlichen Rechten gestrafft wirdt, der fürsetzlich und fälschlich seinen Betrug damit zu fürdern, sich für einen Doctor ausgiebt, oder desselbig an Kleider, Ornat, Privilegien und dergleichen zu gebrauchen sich untersteht.

Zum andern weisen sie geschrieben Brieff und Siegel auff, damit man mancherlei Betrug kann machen, dieweil sie es von einander entlehen oder sonst in ihre Hände bringen oder von einem erben. Item tregt sich auch wol zu, das ihnen etwa ein oder zweimal die Sach geglückt hat, alsdann lassen sie nicht nach, bis sie von einem mit List briefliche Urkundt bringen können. Dahergegen ein gelerter, frommer Arzt allein so viel im Gott Gnadt verleihet und durch sein Werck, und nicht durch solche ruhmretige, zahnbrecherische Brieff und gebettelt Zeugnis bekant und gelobt werden will.

Zum dritten lassen sie getruckte, herrliche, offne Zettel, die voller brechtiger Zusagung der Gesundheit, und das mehrersthail mit anderer Arzt Verkleinerung und Verachtung gestelt und gemeiniglich voller Unwahrheit sein, an allen Orten anschlagen, welche ihre beste Lockvögel sein, damit sie das Gelt von den Leutten bringen, und ziehen darnach davon. Zum vierten verkauffen sie ihre Wahr selber ...

Joachim Cammermeister, Stadtphysicus von Nürnberg, 1571

... das sich vor der Zeit ein gottloser, ungeschickter, unerfarner, vermessener, geitziger Judt, bey diser Stat eingeschleifft, wissentlichen betrug, unbefügte Curen, bey etlichen Krancken, so entweder die sach nit verstanden, oder sonst nicht recht nachgedacht, sich gebrauchet, und noch zum Überfluß neulich einen andern Im gleichen Practicanten hergebracht, welches nit allein dem gemeinem Landt, diser Stat, den Apoteckern, und dem leichtfertigen gemeinen Pöfel zum höchsten schädtlich, sondern auch uns Doctoribus verächtlich und verweisslich, den Löblichen Ständen aber, so nicht geringen unkosten auf Ihre Medicos gehen lassen, schätlich, daß sie under Ihren Medicis solche Leuht haben solten, die einer Kranckheit, so ein hergeloffener Judt, sich zu curiren underwindet, nicht fürstehen köndten.

Leonhart Rauwolff, Stadtphysicus von Linz, 1593

Gerrit Dou (1613–1675): „Der Quacksalber";
Rotterdam, Museum Boymans-van Beuningen

Frankfurt droht mit Strafen
(Aus der Medizinal-Ordnung von 1668)

Tit. XI. Von allerhand betrüglichen und Geldsüchtigen Winckel-Aerzten, als da seynd Empeirici oder Versuchs-Aerzte, Aufklauber, Gewissens- und Beruffsvergessene Kirchen- und Schul-Diener, verdorbene Apothecker, Kramer, Factorn, Mackler und faule Handwerker, eigennützige Weibsbilder, Kranckenwärter, Zahnbrecher, Landstreicher, Historier, Wurtzeln-Träger, Nachrichter, Schwarzkünstler und dergleichen.

Es finden sich zum offtermal Personen, welche redliche Handthierungen gelernet, damit sie ihre Unterhaltung suchen könnten, aber, weil sie aus unmäßiger Begierde größern unziemlichen Gewinnes, mit solchem ihrem Theil nicht vergnügt, unterstehen sie sich darneben, den Kranken allerhand Artzneyen, mit mercklichem Uebersatz beizubringen. Ueber diese Gesellschaft gibt es noch eine Rotte etlicher ausgezehrten dursthungrigen, faulen und leichtfertigen Leut, die ihre rechtmäßige Gewerbe, aus Trägheit, nicht treiben mögen und also in Abgang der Nahrung gerathen: Oder wegen Mißhandlung und Landesverweisung an keinem Ort beständig bleiben dörffen, wie dann letztlich auch die Scharffrichter, Schwarzkünstler und heyllose Juden nicht unbillich in diese Rubricam gesetzt können werden. Diese alle sämptliche, weil sie zu dem hohen Werck der Medizin, wegen Unverstands und Vermessenheit gantz untüchtig, sollen sich keineswegs gelüsten lassen, weder heimlich noch öffentlich, jemand Artzney zu geben bei Straff zehn Gülden.

Doch mögen in freien Messen die Landfahrer ihre Waaren; sofern dieselbe unverbotten und aufrichtig, feil haben. Da sie aber mit Betrug umgingen, oder verbottene Sachen, als Theriac, Mithridat, purgirende oder das Geblüt treibende Sachen und Gifft feyl hätten, sollen ihnen die Waaren genommen, auch sie ferner darum ernstlich gestraft werden. Die Mäuß- und Rattenfänger mögen ihr Aaß verkauffen, sollen aber alle Käufer warnen, daß sie also damit umgehen, daß weder Menschen, noch anderm nutzbaren Vieh, Schaden dadurch zugefügt werde. Den Juden soll gantz und gar bei Straff 20 Gulden verbotten seyn, einige Arznei zu präpariren oder zu verkauffen wegen ihres vielfältigen, schändlichen Betrugs. Die Kräuter- und Wurtzeln-Träger sollen ihre Waare, wofern sie nicht schädliche, gifftige und das Geblüt treibende Eigenschaften hat, verkauffen, aber nicht als Arzneyen ausgeben. Besonders sollen die Apotheker auf die Recepte auswärtiger Aerzte, welche ihre Arzneien hier bereiten lassen, achten und wenn ihnen die Mittel verdächtig scheinen, die Recepte den Physicis zustellen. Was die ehrbare und gutthätige Weibs-Personen [höhern Standes] belangt, die den Dürfftigen gebrannte Wasser, auch gesottene Tränck, Säfft, Lattwergen, eingemachte Früchte und dergleichen aus Wohlmeynendem Mitleid und ohne Bezahlung mitzutheilen pflegen: die seynd in diesem Verbott nicht gemeynt, und bedürffen auch dißfalls keiner weitläufftigen Warnung, dieweil sie sich selbsten für dem gefährlichen Eingeben der purgirenden und anderer sorglichen oder bedencklichen Artzneyen vorzusehen und zu hüten wissen.

Karel Dujardin (1622–1678): „Der Marktschreier";
Den Haag, Mauritshuis

Wanderärzte in Zürich
(Aus den Protokollen des Ratshandbuches)

Herrn Hans Rudolf Hartmann von Schleitz aus dem Vogtland ist bewilliget, zum Verkauff seines Eluctuarij orvietani eine Brügj auf acht tag lang auffzurichten, jedoch daß dißere gnad zu keiner künfftigen consequenz dienen, Seine Bediente sich uff dem Theatro ohnerbarlicher, und der Ehrbarkeit anstößiger Poßen müeßigen, zumahlen in währenden Gottesdienst und Abendgebeten von Ihme alles abgestelt werden solle.

(1680)

Johannes Buhlmeyer, ein Schreyer von Leipzig, welcher um Bewilligung angehalten, daß Er zu mehrer Herbey Lockung der Khunden, unter während Jahrmäß etwas Kurtzwil auff dem Theatro treiben oder spielen laßen möchte, ist solch seines Begehrens, jn ansehung gegenwirthiger trauriger Zeithen, einfältig abgewiesen, jedoch ihme bewilligt worden, seine waren nach Belieben zu verkauffen und seine verrichte(te) Curen auszustreichen.

(1687)

Dem Herrn Josepho Toscano von Orvieto ward auf sein bittliches anhalten bewilliget, daß er seine medicamenta auff offentlichem Theatro Acht tag lang ver Kauffen mögen, jedoch aber wegen bevorstehend Heiliger Zeith Keine comedien spilen.

(1696)

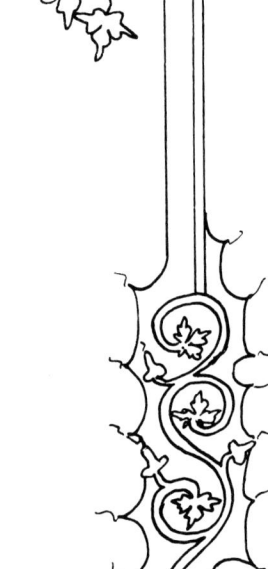

Jan de Bray (1627–1679): „Die Steinoperation";
Rotterdam, Museum Boymans-van Beuningen

Dem Herrn Johann Peter Fahrner von Dornegk, Solothurner gebiets. Medicinae operatori, ward auf sein Anhalten bewilliget, daß Er sich annach 3 tag, benantlich diese wochen über, allhier in dem Wirthshaus aufhalten, seine waar verkaufen, und solches durch den Trummenschlag Kundmachen mögen, auch Ihme ein attestatum zugestellt und selbiger nur die bescheinend glaubwürdig curierte persohnen eingeruckt werden sollen.

(1696)

✻

Die frömbden ankommenden Markt-Schreyer also bald für sich bescheiden, und ihnen ernstlich intimieren thuen, daß sie während beiden Abendgebetsstunden nichts agieren, keine Courtisanen und dergleichen personen in die Stadt herumb schiken, auf dem Theatro oder brüggen keine unziemende Vermummete und Verkleidte Vorstellung thun, und ihre actionen an erlaubten tagen abends umb Sechs uhr enden sollen, alles auf widrigen fall zu erwarten habender straaf.

(1699)

✻

Meine gnädige Herren habend dem Herren Franciscus Arnold Zeitscheln, oculisten von Berlin, in sein noch mal angelegenliches begehren, daß Ihme gnädig permitiert werden möchte, seine Kunst auf einem offenen Theatro kund zu machen, in so weit willfahret, daß er 3 oder 4 Wochen lang, allhier in einem Wirtshaus sich aufhalten, an Ort und enden der Stadt seine Patenten anheften laßen, und seine Kunst wohl üben möge.

(1704)

✻

Frans van Mieris (1635–1681): „Der Scharlatan";
Florenz, Uffizien

Simplicius Simplicissimus als Quacksalber
(Aus dem Roman von Grimmelshausen, 1669)

... wiewohl ich nichts mehr im Vorrat hatte als noch einen einzigen güldnen Ring mit einem Diamant, der etwa zwanzig Kronen wert war. Den versilberte ich um zwölfe, und demnach ich mir leicht einbilden konnte, daß dies bald aus sein würde, da ich nichts darzu gewinne, resolvierte ich mich, ein Arzt zu werden. Ich kaufte mir die Materialia zu dem Theriaca und richtete ihn zu, um denselben in kleinen Städten und Flecken zu verkaufen. Vor die Bauern aber nahm ich ein Teil Wacholderlatwerge, vermischte solche mit Eichenlaub, Weidenblättern und dergleichen herben Ingredienzien, alsdann machte ich auch aus Kräutern, Wurzeln, Butter und etlichen Olitäten eine grüne Salbe zu allerhand Wunden, damit man auch wohl ein gedruckt Pferd hätte heilen können, item aus Galmei, Kieselsteinen, Krebsaugen, Schmirgel und Trippel ein Pulver, weiße Zähne damit zu machen, ferner ein blau Wasser aus Lauge, Kupfer, Sal armoniacum und Camphor vor den Scharbock, Mundfäule, Zahn- und Augenwehe, bekam auch ein Haufen blecherne und hölzerne Büchslein, Papier und Gläslein, meine Ware darein zu schmieren, und damit es auch ein Ansehen haben möchte, ließ ich mir einen französischen Zettel concipieren und drukken, darin man sehen konnte, worzu ein und anders gut war. In dreien Tagen war ich mit meiner Arbeit fertig und hatte kaum drei Kronen in die Apotheke und vor Geschirr angewendet, da ich dies Städtlein verließ. Also packte ich auf und nahm mir vor, von einem Dorf zum andern bis in das Elsaß hinein zu wandern und meine Ware unterwegs an Mann zu bringen. Das Vorhaben war gut, aber der Anschlag fehlte weit.

Da ich das erstemal mit meiner Quacksalberei vor eine Kirche kam und feil hatte, war die Losung gar schlecht, weil ich viel zu blöd war, mir auch sowohl die Sprache als Aufschneiderei nicht von statten gehen wollte, sahe demnach gleich, daß ichs anderst angreifen müßte, wann ich Geld einnehmen und meinen Quark an den Mann bringen wollte. Ich ging mit meinem Kram in das Wirtshaus und vernahm über Tisch vom Wirt, daß den Nachmittag allerhand Leute unter der Linden vor seinem Haus zusammenkommen würden; da dörfte ich dann wohl so etwas verkaufen, wann ich gute Ware hätte; allein es gäbe der Betrüger soviel im Land, daß die Leute gewaltig mit dem Geld zurückhielten, wann sie keine gewisse Probe vor Augen sähen, daß der Theriak ausbündig gut wäre. Als ich dergestalt vernahm, wo es mangle, bekam ich ein halbes Trinkgläslein voll guten Straßburger Branntewein und fing eine Art Krotten, die man Reling oder Möhmlein nennt, so im Frühling und Sommer in den unsaubern Pfützen sitzen und singen, sind goldgelb oder fast rotgelb und unten am Bauch schwarzgescheckigt, gar unlustig anzusehen. Ein solches satzte ich in ein Schoppenglas mit Wasser und stellts neben meine Ware auf einen Tisch unter der Linden. Wie sich nun die Leute anfingen häufig zu versammeln und um mich herumstunden, vermeinten etlich, ich würde mit der Zange, so ich von der Wirtin aus ihrer Küchen entlehnt, die Zähne ausbrechen; ich aber fing an: „Ihr Herren und gueti Freund bin ich kein brech dir die Zahn aus, allein hab ich gut Wasser vor die Aug, es mag all die Flüß aus die rode Aug." „Ja," antwortet einer, „man siehts an euren Augen

Cornelis Belkin (2. Hälfte 17. Jh.): „Kirmes"
Den Haag, Museum Bredius

wohl, die sehen ja aus wie zween Irrwische." Ich sagte: „Das ist wahr; wann ich aber der Wasser vor mich nicht hab, so wär ich wohl gar blind werd. Ich verkauf sonst der Wasser nit; der Theriak und der Pulver vor die weiße Zähn und das Wundsalb will ich verkauf und der Wasser noch darzu schenk. Ich bin kein Schreier oder

bescheiß dir die Leut. Hab ich mein Theriak feil, wann ich sie habe probiert und sie dir nicht gefallt, so darfst du sie mir nit kauf ab." Indem ließ ich einen von dem Umstand eins von meinen Theriakbüchslein auswählen, aus demselben tät ich etwan einer Erbse groß in meinem Branntewein, den die Leute vor Wasser ansahen, zertrieb ihn darin und kriegte hierauf mit der Kluft das Möhmlein aus dem Glas mit Wasser und sagte: „Secht, ihr gueti Freund, wann dies giftig Wurm kann mein Theriak trink und sterbe nit, so ist der Ding nit nutz, dann kauf ihr mir nit ab." Hiemit steckte ich die arme Krotte, welche im Wasser geboren und erzogen und kein ander Element oder Liquorem leiden konnte, in meinen Branntewein und hielt es mit einem Papier zu, daß es nicht herausspringen konnte. Da fing es dergestalt an darin zu wüten und zu zappeln, ja viel ärger zu tun, als ob ichs auf glühende Kohlen geworfen hätte, weil ihm der Branntewein viel zu stark war, und nachdem es so eine kleine Weile getrieben, verreckte es allgemach und streckte alle viere von sich. Die Bauern sperrten Maul und Beutel auf, da sie diese so gewisse Probe mit ihren Augen angesehen hatten. Da war in ihrem Sinn kein besserer Theriak in der Welt als der meinige, und hatte ich gnug zu tun, den Plunder in die Zettel zu wickeln und Geld davor einzunehmen. Es waren etliche unter ihnen, die kauftens wohl drei-, vier-, fünf- und sechsfach, damit sie auf den Notfall mit so köstlicher Giftlatwerge versehen wären, ja sie kauften auch vor ihre Freunde und Verwandte, die an andern Orten wohnten, daß ich also mit der Narrnweise, da doch kein Markttag war, denselben abend zehen Kronen löste und doch noch mehr als die Hälfte meiner Ware behielt. Ich machte mich noch dieselbe Nacht in ein ander Dorf, weil ich besorgte, es möchte etwan auch ein Bauer so curios sein und eine Krotte in ein Wasser setzen, meinen Theriak zu probieren, und wann es dann mißlinge, mir der Buckel geraumt werden. Ich hatte nicht vonnöten, diejenige Betrügereien zu gebrauchen, die der hochgelehrte Matthiolus im sechsten Buch Dioscoridis ‚de Venenis' von den Storgen und Marktschreiern entdeckt. Solange ich gedachte Möhmlein haben konnte, so bedorfte ich auch keines Affen oder andrer seltsamen Tier zum Stand, die närrische Leute herzuzubringen; dann ich hatte zu Paris von einem teutschen Taschenspieler artliche Stücklein mit der Karten zu üben gelernt, damit ich die Leute herbeigaukeln und aufhalten konnte, bis ich meinen Theriak obigergestalt probierte und den Umstand bewegte, die Riemen zu ziehen. Damit ich aber gleichwohl auch die Vortrefflichkeit meiner Giftlatwerge auf eine andere Manier erweisen könnte, machte ich mir aus Mehl, Safran und Gallus einen gelben Arsenicum und aus Mehl und Vitriol einen Mercurium Sublimatum. Und wann ich die Probe tun wollte, hatte ich zwei gleiche Gläser mit frischem Wasser auf dem Tisch, davon das eine ziemlich stark mit Aquafort oder Spiritusvictril vermischt war. In dasselbe zerrührte ich ein wenig von meinem Theriak und schabte alsdann von meinen beiden Giften soviel, als genug war, hinein. Davon ward das ein Wasser, so keinen Theriak und also auch kein Aquafort hatte, so schwarz wie eine Tinte; das andere aber blieb wegen des Scheidwassers, wie es war. „Ha," sagten dann die Leut, „seht, das ist fürwahr ein köstlicher Theriak um so ein gering Geld!" Wann ich dann beide untereinandergoß, so ward wieder alles klar. Davon zogen dann die gute Bauern ihre Beutel und kauften mir ab, welches nicht allein meinem hungrigen Magen wohl zu paß kam, sondern ich machte mich auch wieder beritten, prosperierte noch darzu viel Geld auf meiner Reise und kam glücklich an die teutsche Grenze. Darum, ihr liebe Bauern, glaubt den fremden Marktschreiern so leicht nit; ihr werdet sonst von ihnen betrogen.

Gerard Thomas (1663–1720): „Beim Quacksalber";
Stuttgart, Bezirksärztekammer Nordwürttemberg

Die Methoden der Quacksalberei
(Aus dem Betrugs-Lexicon des G. P. Hönn, 1720)

Quacksalber betrügen: 1) Wenn sie, nur die Leute ums Geld zu bringen, mit vielen Lügen und tausenderley unnützen Worten ihre Künste und Arzneyen heraus streichen, und dabey aus einem Land ins andere ziehen, nicht den Leuten zu dienen, oder ihnen die Hülffe gleichsam entgegen zu tragen, sondern daß sie diejenige, welche ihre Unwissenheit in der Artzeney nicht wissen oder verstehen, zu betrügen desto bessere Gelegenheit haben mögen. 2) Wenn sie mit grossen Splendeur, Pferde, Wagen und viele Diener halten, und in prächtiger Kleidung erscheinen, damit sie dem einfältigen Pöbel die Meynung, als ob sie durch ihre besondere Curen grossen Reichthum erworben und man ihnen mehrers als andern für ihre Hülffe zahlen müsse, einprägen, und ihn desto mehr ums Geld bringen mögen ... 4) Wenn sie ihre nichtswürdige Waaren mit allerhand gefärbten Papier einfassen, die Gläser sauber zubinden, und doch weiter nichts als gefärbtes Wasser, oder zum höchsten Brandtewein von allerhand Farben darinnen haben, der für alles helffen soll. 5) Wenn sie sich bey vornehmen Leuten mit Zahn-Pulver anmelden, welches doch nur aus gestossenen schlechten und gemeinen Steinen bestehet, bey den gemeinen Leuten aber vorgeben, daß sie alles können. 6) Wenn sie die Leute, denen nur das geringste mangelt, bereden, sie laborirten an einer abscheulischen Kranckheit, als hätte sie f. v. die Franzosen, oder würden bald daraus entstehen, welches doch in der That nicht ist, nur daß die Leute darüber erschrecken, und ihnen, was sie können, geben sollen, daß ihnen entweder geholffen werde, oder sie nur weiter niemand nichts davon sagen sollen ... 8) Wenn sie zu den Leuten in die Häuser kommen, und sagen, ihr Vieh sey behext, oder, so jemand im Hause kranck ist, vorgeben, es seyen dieselben bezaubert, darwider sie eine bewährte Artzney hätten, da doch weder an diesem noch an jenem etwas ist. 9) Wenn sie alle, ja auch die desperatesten Patienten annehmen, und sich die Helffte von dem geforderten Lohn vor die Chur voraus zahlen lassen, dann aber in 2. oder 3. Tagen nachdem vorhero ein von ihnen zurückgelassener Diener kommt, und sich anstellt, als ob von einem fremden Herrn hergeschicket würde, zu welchem sie eiligst kömmen und ihnen helffen sollten, den Wirth bezahlen, mit Bitte, er solle die Patienten versichern, daß sie bald wiederkommen und selbige völlig curiren wollten, wenn sie nur vorher solchem grossen Herrn mit ihrer Kunst gedienet hätten, und unter solchem Prätext so weit fortfahren, daß ihnen wol niemand nacheilen kan. 10) Wenn sie den Leuten Ringe, Wurtzeln und dergleichen verkauffen, welche ihnen sollten Glück bringen, sie für bösen Leuten bewahren, feste machen, die Schlösser aufsprengen, u. s. w. 11) Wenn sie sich sehr vermessen, daß ihnen die Waare selbst noch einmal so viel koste, als sie

Pietro Longhi (1702–1785): „Der Scharlatan";
Venedig, Ca' Rezzonico

davor einnähmen. 12) Wenn sie bleyerne Schaupfennige, die das Gepräg eines Silberlings haben sollen, dafür der Herr Christus verkauffet worden, verkauffen, und vorgeben, sie wären wider den Teufel und Hexen gut. 13) Wenn sie die von hoher Obrigkeit und andern Standes-Personen erbettelte Privilegia und Attestata mit Sammet und Seiden überziehen lassen, damit man ihnen desto eher glauben möge ... 16) Wenn sie ihre Curen und Artzeneyen mit vielen Worten herausstreichen, und doch zu den Umstehenden sagen, sie wollten nicht viel Redens davon machen, auch, damit die Leute unter ihrer langwierigen Rede nicht wieder fortgehen, gleich anfangs versprechen, es solle nach gehaltener Rede von ihren Bedienten eine lustige Comödie gehalten werden. 17) Wenn sie den Armen etwas umsonst geben, um sich desto besser in Credit und Meynung, als ob es ihnen eben nicht sonderlich um das Geld zu thun wäre, zu setzen. 18) Wenn sie, damit sie die Leute desto eiffriger zum Kauffen ihrer Paquete bewegen, immer sagen, die Ware sey balb abgegangen, wer noch was verlange, müßte sich bey Zeiten melden, sonst komme er hernach vergebens, da ihr Vorrath noch niemals ein Ende nimmt, so lange nur Käuffer und Liebhaber vorhanden seyn. 19) Wenn sie immer zu erwehnen pflegen, daß sie an dem gegenwärtigen Ort nur eine kleine Zeit sich aufhalten werden, in der

Absicht, daß die Käuffer ihre Quacksalberey desto begieriger abholen sollen. 20) Wenn sie an einem Ort, wo sie sich aufhalten, fälschlich vorgeben, ein Paquet von ihren Waaren hätten sie anderswo und sonst theuer verkauft, als sie es hier geben, nur die Leute damit desto mehr anzulocken. 21) Wenn sie anstatt der Schlangen-Kronen fals anderst, nach dem Bericht Axtelmeieri in Hokuspokeria p. 18 fq. dergleichen in rerum natura sind, woran jedoch einige billig zweifeln, Ochsen-Zähne, Schaafs-Kälber- und junge Schweins-Zähne verkauffen, und solche also zurichten und färben, daß wer von dergleichen Betrug nicht weis, leicht überredet wird. 22) Wenn sie durch allerhand superstitieuse, oft auch zauberische Künste die Leute zu vielen Bösen verleiten und anführen. 23) Wenn sie in einer Stadt oder Land die obrigkeitliche Personen und Befehlshaber mit Geschenken bestechen; daß sie ihnen erlauben mögen in dem Land und Stadt sich aufhalten, Curen annehmen und öffentlich ausstehen zu dürfen. 24) Wenn sie dahero meistentheils an vornehme Orte zu Meß- und Markt-Zeit kommen, damit desto mehr Leute von ihnen betrogen werden können. 25) Wenn sie die Allraune oder sogenannte Heckmänngen nachmachen, und darzu eine Wurzel von Zaun-Rüben nehmen, dieselbe aber als echt verkaufen.

William Hogarth (1697–1764): „Beim Quacksalber";
London, National Gallery

Quacksalber und Scharlatane
im Spiegel
früher Zeitungen

Paris / vom 12. Martii. Es dörfften wider die Doctores Medicinä einige Verordnungen gegäben werden / weil man siehet / daß von ihrer Methode / wie solche heute zu Tage in Gebrauch ist / offt groß Unheil zu entstehen pfleget.

Dienstagischer Mercurius; Berlin, 1686

Von Siget / den 10. Oktober. In denen Dörffern hat die Pest / Gott sey es gedancket / schon zimblich auffgehört: Nun haben sie ein Remedium wider die Pest erfunden; man solte ein Spanfärcklein / welches noch saugen thut / tödten / und die Gall darvon nehmen / dieselbe in Branden-Wein oder in einem andern Wein vermischen: welcher davon etwas trincken thut / wann schon die Pest im Hause ist / so wird sie demselben nicht schaden; welcher davon trincken [thut] / kan sicher mit allen Leuthen / die würcklich die Pest haben / umbgehen / so wird es ihm nicht schaden. Dises ist schon an vilen Leuthen probirt worden: Welcher dieses Remedium gebraucht hat / ist allezeit gesund gebliben.

Ordentliche Wochentliche Post-Zeitungen; München 1691

Auß Saarburg / vom 10. Januari. Zum Neuen-Lande / nahe an diesem Orth / hat sich jetzt verflossenen Weynachts-Feste bey einem allda wohnenden Kaufmann folgendes zugetragen: Eine unbekandte Person kommet zu gedachtem Haußmann / und gibet zu verstehen / er hätte vernommen / daß seine 4 Söhne mit dem bösen Grind behafftet / und er schon vil Unkosten zu derselben Genesung / aber vergebens / angewendet; weil er nun ein unfehlbares Mittel zu derselben Genesung wüste / so wolte er wol seine Wissenschafft gerne zu seiner Kinder Gesundheit applicieren / allein / es fehle ihm jetzo am Gelde / und so er ihme etwas vorschiessen thäte / wolte er nach einem in der nähe ligenden Orth sich begeben / und die darzu erfordernde Medicamenta verfertigen lassen. Der gute Mann / welcher seiner Kinder Gesundheit gerne sahe / gibt ihme was er fordert / und damit gehet er fort / mit

Norbert Grund (1717–1767): „Kirmes mit Quacksalber";
Augsburg, Schätzler-Palais

hoher Betheuerung / daß / so bald es müglich / er sich mit dem Recept wider bey ihme einfinden wolle. Was geschicht? nach Verfliessung einiger Tage da kombt diser Doktor wider / und der Abrede nach applicirte er seine mitgebrachte Sachen / und zwar erstlich durch etwas / so er ihnen eingegeben / sie schwitzen zu lassen / und hernach rib und wusch er ihren Grind und Köpffe mit einem hellscheinenden Wasser / worüber der jüngste sich gleich übel befand / und in Ohnmacht zu fallen begundte; er aber tröstete denselben mit der Würckung seiner Medicamenten / und daß es nunmehre bald besser werden solte / und solches geschahe auch mit den andern dreyen: Es währete aber nicht lange / da der Vatter seine Söhne besuchen wolte / er sie alle sambtlich todt auff ihrem Bethe außgestrecket fand; dieser Doktor aber hat sich underdessen auß dem Staub gemacht / und den betrübten Vatter und Mutter also wegen ihrer 4 todten Söhnen in höchster Betrübnus und Herzens-Angst sitzen lassen; weßwegen an den Pässen Verordnung geschehen / niemand / worauff einiger Verdacht / passiren zu lassen.

Mercurii Relation; München, 1692

Berlin, den 24. Sept. Daß der Königl. Preuß. Rath Eisenbarth von Magdeburg annoch zum Trost vieler bedrängten Patienten allhier seyn, wird hierdurch zu wissen gethan; er hat die kurze Zeit viele Menschen an allerhand theils gefährlichen Krankheiten rühmlichst curiret, in specie hat er den II. Sept. c. von einem 25jährigen Menschen mit geschwinder Behändigkeit und in presence vieler Leute, doch ohne grosse Schmerzen dergleichen Stein (wie beygehende Figur zeiget) aus der Blase geschnitten. Dieser Mensch ist Gottlob frisch und gesund, auch die Blase vollkommen heil; er logiret in der Heil. Geist Strasse, in der Wittwe Neumeisterin Hause, allwo in seinem Quartier das Original kan gesehen werden. Dergleichen wichtige Operationes wird der Rath Eysen-Barth noch mehrere vornehmen. Was an Augen-Curen, Brüchen, Leibs Gewächsen, Hasenscharten von ihm verrichtet werden, achtet er gering. Hierbei wird dessen unvergleichlicher balsamischer Haubt-Augen- und Gedächtnis Spiritus de meliori recommendiret, wovon sehr viele Proben erwiesen an denen, so vom Schlag gerühret, Schwindel, Ohren-Sausen, Kopffwehe und Augen Tunckelheiten laboriret, auch ist zu conservierung darzu nichts

Franz Anton Maulbertsch (1724–1796): „Der Quacksalber";
Augsburg, Schätzler-Palais

bessers zu wünschen, das Loth a 12 gr., ingleichen dessen berühmte Tinctur in Stein- und Glieder-Schmerzen das Loth a 8 gr. wie auch die curieusen und bequeme Bruch-Bänder, wodurch viele Brüche nebst dienl. Medicamentis ohne Schnitt curiret werden, umb billichen Preiß zu haben. So jemand seiner Hülffe benöthiget, kan des Morgens nichtern seinen Urin auffangen und ihm zusenden. Sein Logis ist in der Spandauschen-Strasse bey Herrn Melchern.

Vossische Zeitung; Berlin, 1724

Dreßden, den 14. April. In Alt-Dresden befindet sich ein Africanischer Medicus, Bell genannt, der ein gewiß Pulver erfunden, so das Podagra gantz und gar vertreiben, und er hiermit bereits viele glückliche Proben verrichtet haben soll.

Hamburgischer Correspondent; 1724

Die Schottischen Pillen, welche das Haupt und die Sinnen stärken, vertreiben den Schwindel und migränischen Hauptschmerzen, reinigen die Galle, verhindern die Neigung zur Melancholie, öffnen die Verstopfung, befördern den Auswurf, und vertreiben alle überflüßige Feuchtigkeiten des Leibes; sie sind vortrefflich für alle zukommende Unpäßlichkeiten des schönen Geschlechts, und tödten die Würme. Reisende, besonders Schiffsleute, bedienen sich derselben mit Vorzug; sie können zu allen Zeiten gebraucht werden, man sey jung oder alt, bey Tage oder bey Nacht, ohne sich mit Diäten zu enthalten. Sie haben das Besondere, daß sie dem Podagra vorkommen, oder dasselbe mindern, wenn man schon damit behaftet ist, wie auch andern Krankheiten. Die Schachtel kostet 1 Markl. bey Petit in Hamburg, in dessen Laden bey der Börse.

Hamburgischer Correspondent; 1768

Boule Medicamenteuse au d'Acier, auf Deutsch Stahlkugel. Diese Kugel ist vor einigen Jahren in Frankreich in einem Kloster durch die Chymie erfunden; ihre Wirkung ist sehr schnell und sicher. Ihr Gebrauch ist folgendermaßen: Man hänget sie in Weinbrandtewein oder Wasser, lässet sie so lange hangen, bis sich das Wasser gefärbet, die Kugel wird sodann wieder in der Luft getrocknet; die Tinctur aber wird in folgenden Zufällen von sehr außerordentlichen und vortrefflichen Tugenden bewährt erfungen: 1) in gehauen- und gestochenen Wunden; 2) in heftigen Quetschungen; 3) als ein vortreffliches blutstillendes Mittel, sowol in heftigen Verwundungen als Nasenbluten; 4) in Salzflüssen und alten Schäden und Geschwüren in der Haut; 5) in Scorbut oder Mundfäule; 6) im Aussatz; 7) in Beinbrüchen und heftigen Verrenkungen durch eine erstaunend geschwinde Zertheilung und Heilung, indem es auch in der Solida wirket; 8) in Bauch-, Leisten- und Nabelbrüchen; 9) auch Lähmung der Glieder. Bey dieser vortrefflichen Medicin, wie sie gebraucht wird, ist ein Zettel bey jeder Kugel zu haben; und jede Kugel kostet 6 Markl. Cour. und ist in Commißion in Hamburg zu haben bey J. D. Arends an der Ellenthors-Brücke, in der Papier- und Zeitungsbude.

Hamburgischer Correspondent; 1768

Hamburg, den 17. Junii. Wir halten es für unsere Schuldigkeit, folgende außerordentliche Cur des Krebsschadens, so wie wir sie in einem Englischen Blatte lesen, sogleich bekannt zu machen:
Eine arme Frau, nahe bey Hungerford, hatte seit vielen Jahren den Krebs in der Brust gehabt. Ein gewisser Herr in der Nachbarschaft sagte ihr, wenn sie Kröten nach seiner Vorschrift brauchen wolle, so werde sie geheilet werden. Dieser Vorschrift zufolge mußte sie acht Kröten in nesseltuchenen Beutelchen an acht Löcher in der Brust legen, welche erstaunlich sogen. Die Kröten sogen sich so vest an als Igeln. Als sie sich vollgesogen hatten, fielen sie mit schrecklichen Convulsionen ab. Sie verursachten keine Schmerzen, sondern die Schmerzen der Frau nahmen vielmehr nach dem ersten Gebrauch der Kröten sogleich ab. Sie wiederholte das Mittel, bis sie 120 Kröten dadurch getödtet hatte, da denn ihre Wunden geheilet waren, und die Brust die natürliche Größe wieder bekommen hatte. Sie hat sich seither immer wohl befunden. Die Kröten wurden alle Nacht angelegt; je mehr es sich mit der Frau besserte, desto länger lebten und sogen sie.
Eben diese Cur ist nach der Zeit an einem armen Mann zu Lamborne, in Wiltshire, und an der Frau eines Arztes in Caln mit dem glücklichsten Erfolge versucht worden. Die Sache ist von glaubwürdigen Zeugen attestirt; und wir wünschen, daß man auch bey uns von diesem außerordentlichen Mittel Gebrauch machen, und uns dem Publico den Erfolg davon bekannt machen möge!

Hamburgischer Correspondent; 1768

Pestdekrete

„Und anfengklichen / Dieweil uns Got der Herr / durch sein Heyligs wort / lauter anzaigen lest / das uns diese uñ andere straffen / die wir dan auch teglich erfarn und sehen / allein umb unserer sünden willen / durch seinen billigen zorn / begegnen und zukomen / So woellen die gmelten Camerer und Rathe meniglichen / mit allem getrewen fleiss / erinnert und vermanet haben / das ein yeder für allen dingen / seine begangene sünden hertzlich bereuen / auch in vestem vertrawen in das verdienst Christi / Gott den Hymlischen vatter umb vergebung derselben von hertzen bit / und dabey sein leben / nach seinem Göttlichen willen und beuelch / zur besserung anstelle und richte / damit er seinen gfasten zorn / sambt der furgenoͤmen straff gegen uns genedigklichen abwende oder fallen lasse / und das verorndt mittel der artzney / als dan sein natürliche krafft und würkung haben möge."

Regensburger Pestdekret von 1552

„Entgegen ist unmäßiger Frass- und Füllerey / hauptsächlich aber zu vieler Beyschlaff also gewiss zu mässigen und zu meyden / als in widrigen vielfältig wahrzunehmen ist / dass dieses letztere nicht allein grosse Gelegenheit zu geschwinder Ansteckung gibt / sondern die Natur also darnieder leget / dass eine solche Persohn die Kranckheit fast niemahlen ausstehen / und überwinden könne. Überfüllet ihr euch aber in Essen und Trinken / und trifft euch die Kranckheit mit vollem und verwirrem Leib an / so kan sich die Natur auch viel weniger helffen / und die Kranckheit kommet gleich Anfangs in einen unordentlichen Lauff / an welchem wie viel gelegen seye, habt ihr sattsam erfahren.

Zum Andern / ist Eines Wohl Edeln / Hoch- und Wohlweisen Herrn Cammerer und Raths ernstlicher Befehl und Meynung / dass alle Bürger und Innwohner allhie sich gäntzlich enthalten sollen einigerley Unsauberkeit / es seye / s. v. Harn oder anders / bey Tag oder Nacht / aus ihren Häusern und Wohnungen / weder auf die gemein Gassen oder Strassen / noch auf die dahin gehende Rinnen / zu giessen oder auszuschütten / sondern alles in die heimlichen Gemach oder in die Donau zu tragen / bey Straff 10 Thaler / deren die Helffte dem Anzeiger zu kommen solle.

Regensburger Pestdekret von 1713

Anton Seitz (1829 – 1900): „Die Quacksalberin“;
München, Neue Pinakothek

Kupferstich des Lucas van Leyden (1494–1533):
„Der Zahnbrecher"

Die Zahnbrecher

In den frühen Hochkulturen, bei den Ägyptern und Etruskern, später auch bei den Griechen und Römern hatte die Zahnheilkunde einen erstaunlichen technischen Stand erreicht. Seit dem Zusammenbruch des Römischen Reiches kümmerte die ganze Heilkunde tausend Jahre lang auf fast prähistorischem Niveau dahin. Dieser lang anhaltende Verfall medizinischer Kultur hatte eine wichtige tiefenpsychologische Ursache auch darin, daß die Kirche zwar das Kulturgut bewahrte und tradierte, auf medizinischem Gebiet aber dem Fortschritt durch ihre Weltanschauung im Wege stand. Denn die geistig-seelische Vorbereitung des Menschen auf das Jenseits gab dem Leben seinen Sinn, das Erdendasein wurde als eine von Gott auferlegte Prüfung und Bewährung begriffen, zu der auch die Krankheit als etwas Gottgewolltes gehörte. Es gibt daher einige Entscheidungen der Kirche gegen medizinische Neuerungen mit der Begründung, daß die rasche Heilung der Krankheit durch den Menschen Gottes Wille durchkreuzen würde.

Als von der Barockzeit an die Medizin langsam Fortschritte machte, blieb die „Zahnarzneikunde" das Schlußlicht dieser Entwicklung – vor allem in Deutschland. Selbst als Pierre Fauchard 1728 sein epochemachendes Werk „Le chirurgien dentiste ou traite des dents" veröffentlicht und damit den Grundstein für eine wissenschaftlich begründete Zahnmedizin gelegt hatte, konnte sich die Zahnbrecherei in Deutschland nur schwer aus ihren Fesseln und von ihrem alten Stil lösen.

Die Fessel – das war der Sozialstatus der Zahnbrecher. Nur wenige von ihnen waren handwerklich ausgebildete „chirurgi", die meisten Autodidakten, nach deren Herkunft man besser nicht fragte. In der Quacksalber-Rangordnung standen sie auf der untersten Stufe, denn es gehört eben weniger dazu, einen Zahn zu ziehen (und komplizierte Zahnbehandlungen gab es ja noch kaum), als z. B. eine Star-Operation durchzuführen oder einen Stein herauszuschneiden. Viele Quacksalber begannen ihre Karriere deshalb als Zahnreißer und stiegen dann erst zu den höheren medizinischen Aufgaben auf. Ob sie nun Starstecher oder Bruchschneider wurden, das Zähnebrechen machten sie noch nebenher mit, war es doch eine bequeme Möglichkeit, Geld zu verdienen. Gleichzeitig behandelten aber auch Schmiede, Schäfer oder Bartscherer ihre Mitmenschen zahnärztlich. Ein Indiz für das niedrige soziale Ansehen der Zahnbrecher ist der zeitgenössische Kupferstich des Lucas van Leyden (S. 70). Die Frau des Zahnbrechers greift dem Patienten im Augenblick des größten Schmerzes in die Tasche – der Diebstahl wird zur Nebeneinnahme des Zahnreißers!

Das geringe Sozialprestige dieser Zahndoctores läßt sich auch philologisch nachweisen. Nach Grimm's Wörterbuch war „Zahnbrecher" vom 16. bis zum 18. Jahrhundert im besten Fall ein Synonym für Marktschreier und Quacksalber, vielfach aber sogar ein Superlativ dieser Begriffe. Das spiegelt sich in Hans Sachs' Dichtung:

> „da fing erst der zanbrecher an:
> kommt herbei, herbey, herbey!
> ich habe ja gute artzeney,
> für den faul und das zipperlein!"

und auch bei Moscherosch (vgl. S. 24): „... Ich glaube nicht, dasz der teuffel so unverschampt seyn kan, als ein Zahnbrecher" (Philander). Wieviel Verachtung klingt bei Shakespeare an: „Habt ihr kein Scham noch Schande, daß ihr so spät in der Nacht wie ein Zahnbrecher schreit".

Das Ansehen der Zahnbrecher war so gering, weil es kein Beruf war, für den man sich qualifizieren mußte, für den also eine bestimmte Ausbildung oder eine besondere Fähigkeit nachzuweisen war. Weil es aber keine Prüfungen und keine Kontrollen gab, wucherte der Aberglaube in der Zahnheilkunde mehr als auf allen anderen Gebieten. Allein die Mittel, die gegen Zahnschmerz wirken sollten, könnten ein eigenes Buch füllen. Vergleichsweise ästhetisch ist noch der Rat des unter Kaiser Claudius lebenden Scribonius Largus. Er hatte als erster in Würmern, die von innen heraus den Zahn zerfressen, die Ursache des Zahnverfalls erkannt – eine Auffassung, die sich bis ins 18. Jahrhundert behauptete. Um die Würmer zu töten, riet er nun, die Mundhöhle mit Bilsenkrautsamen zu räuchern. – Unappetitlicher sind da schon die anderen Heilmittel: einmal im Monat eine Maus verspeisen oder die Mundhöhle mit weißem Hundekot oder Kuhurin einreiben oder auch die Zähne mit dem Zahn eines Gehängten bestreichen!

Auf dem Hintergrund solcher Behandlungsempfehlungen nehmen sich die Zitate „Skorbut" (S. 92) und „Polemische Fußnote" (S. 94) wie hochmoderne Texte aus. In der Tat stößt man Ende des 18. Jahrhunderts auf die ersten Belege naturwissenschaftlich-experimentellen Denkens und auf entschiedene Ablehnung des alten quacksalberischen Zahnbrecher-Geistes.

Michelangelo Cerquozzi (1602–1660): „Der Zahnbrecher";
Oxford, Christ Church

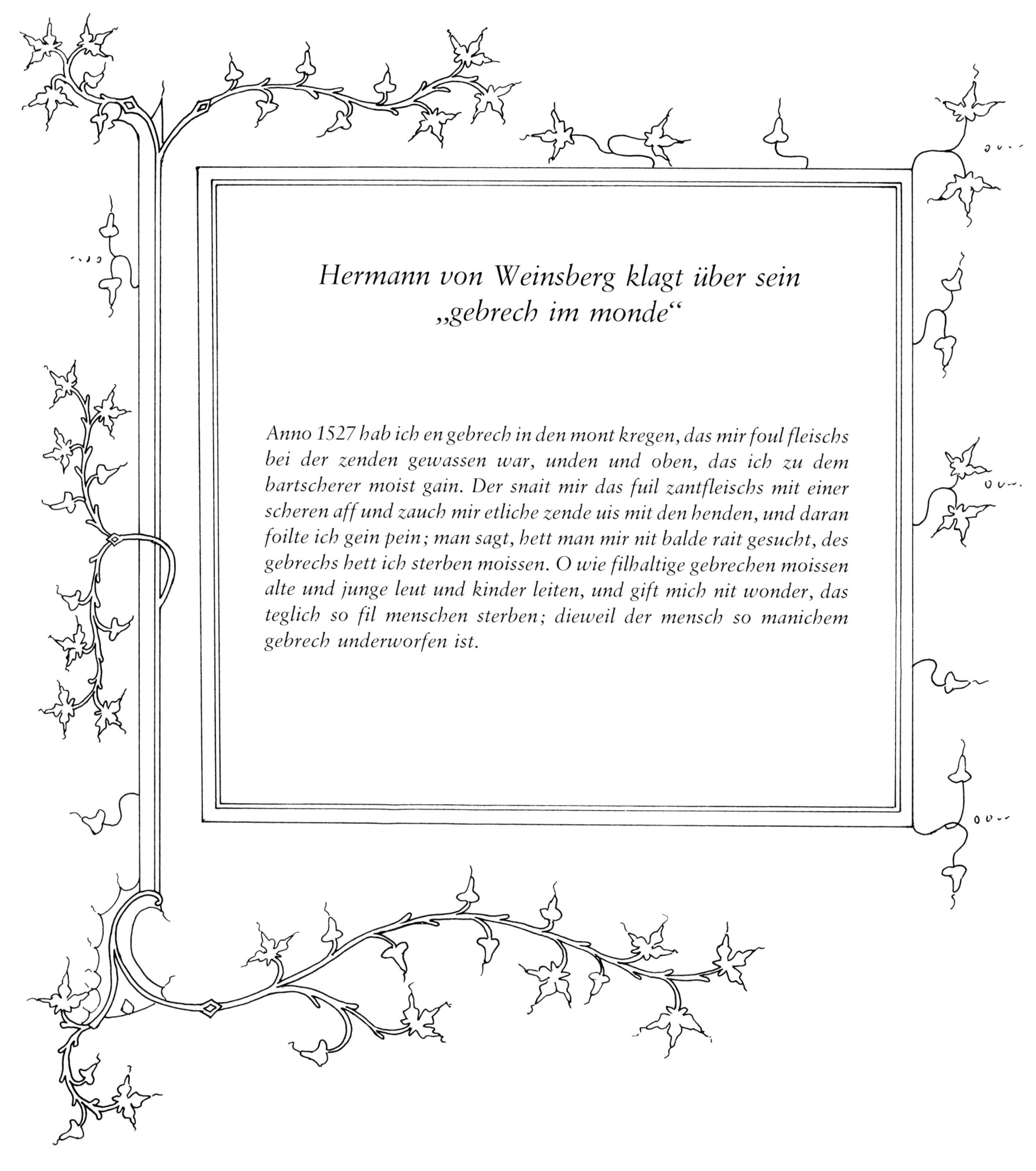

Hermann von Weinsberg klagt über sein „gebrech im monde"

Anno 1527 hab ich en gebrech in den mont kregen, das mir foul fleischs bei der zenden gewassen war, unden und oben, das ich zu dem bartscherer moist gain. Der snait mir das fuil zantfleischs mit einer scheren aff und zauch mir etliche zende uis mit den henden, und daran foilte ich gein pein; man sagt, hett man mir nit balde rait gesucht, des gebrechs hett ich sterben moissen. O wie filhaltige gebrechen moissen alte und junge leut und kinder leiten, und gift mich nit wonder, das teglich so fil menschen sterben; dieweil der mensch so manichem gebrech underworfen ist.

Zaubersprüche gegen das Zahnweh

Ich hab drei Wurm im Zahn,
ein witt, ein swart, ein rod
und wünsch, dat se sünd morgen früh dod.

*

Dir, Todten, klag ich meine Nothen,
nimm mir meinen Zahnschmerzen ab,
und nimm sie mit ins Grab

*

Guten Abend, lieb alte Linde,
ich bring dir meine Zahnschmerzen heute,
und wünsche, daß sie bei dir bestehen
                      und bei mir vergehen

*

Alle Psalmen sind gesungen,
Alle Glocken sind verklungen,
Alle Evangelien sind gelesen,
Alle Heiligen sind's gewesen:
Das Feuer in meinem Zahn soll verwesen!

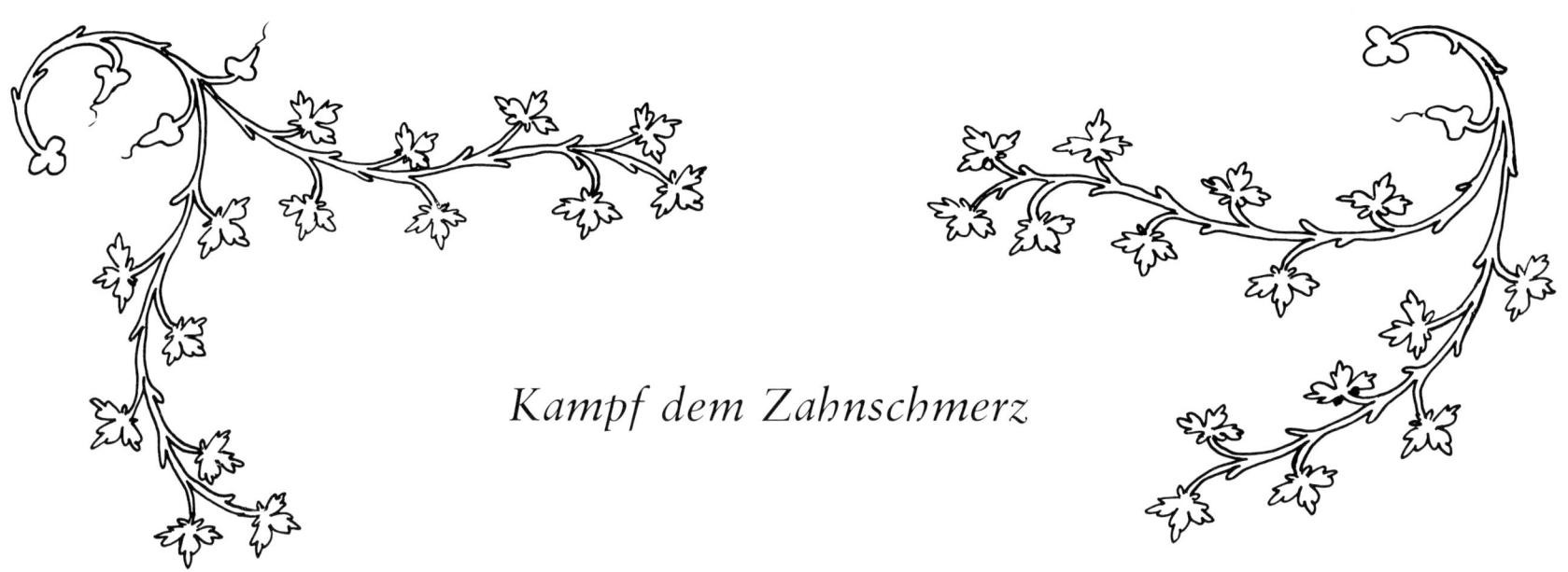

Kampf dem Zahnschmerz

Siede Kühekraut in Bier und laß den Dampf durch ein Röhrlein an die Zähne gehen.

(Aus der „Hausapoteck" des M. J. Colerus, 1604)

*

Auch Ochsengalle vertreibt Zahnschmerzen, denn sie ist allgemein ein Wurmmittel und soll deshalb auch die Würmer aus den Zähnen ziehen . . . oder auch Rehgalle mit Rosenöl vermischt, auch Hirschunschlitt zieht die Würmer aus den Zähnen.

(Aus D. J. Schröders „Vollständige und nutzreiche Apotheke"; 1718)

*

Nimm den Zahn eines Totenkopfes und eine Bohne, bohre ein Löchlein in die Bohne, in dieses stecke eine lebendige Laus, vermache das Löchlein mit Wachs und trage den Zahn samt der Bohne in ein Tüchlein gemacht, am Hals.

(Volkstümliche Amulettanweisung)

*

Pieter Quast (1606–1647): „Der Zahnarzt“;
München, Alte Pinakothek

AVERTISSEMENT.

Hiermit wird kund und zu wissen gemacht, daß allhier ist ankommen, der ohne dieß berühmte und bekannte Zahnkünstler, Namens Johann Paul Meyer, welcher in Regensburg wohnhaft, und von verschiedenen hohen Gesandtschaften aufgenommen, und in seiner sonderbaren Zahnkunst allen Beyfall und Vergnügen so wohl hier, als andern Orten gefunden hat, gleichwie es auch in verschiedenen Zeitungen zu ersehen seyn wird.

Es ist eine bekannte Sache, daß ein grosser Theil der menschlichen Gesundheit auf der Erhaltung der Zähne beruhe, massen durch selbige die Speisen zermalmet werden, daß sie der Magen desto leichter verdauen, und dadurch der Natur ein gesunder Nahrungssaft in grösserer Maaße zufließen kann. Diese können aber bey den mehresten nur durch besondere Kunst und Wissenschaft in guten Stand erhalten werden, wie aus nachfolgenden das mehrere zu ersehen seyn wird.

1) Werden von mir die vom Weinsteine schwarz und gelb gewordene Zähne durch saubere Instrumenten in Zeit einer Viertelstunde ohne einige Empfindung rein und weiß geputzt, indem der Weinstein das Zahnfleisch von den Zähnen wegfrißt, den Brand oder Beinfraß verursachet, und einen s. v. übeln Geruch des Mundes machet, einen Menschen auch gewiß nichts mehr verstellen kann, als wenn er schwarze, gelbe, oder zu wenige Zähne in dem Munde hat.

2) Weiß ich, den Brand, oder hohle und angefressene Zähne zu tödten, daß solche nicht weiter hohl noch weggefressen, sondern Zeitlebens erhalten werden können; übrigens auch die Zähne künstlich zu separiren.

3) Fülle ich die hohlen Zähne mit Gold, Silber oder Bley, ohne Empfindung aus, daß sich keine Speisen mehr hineinsetzen, und solche ohne Schmerzen können gebrauchet werden.

4) Nehme ich auf Begehren böse fistulose Zähne, Wurzeln oder Stumpfen, die etwa schon von einem andern abgebrochen worden, in einer Geschwindigkeit heraus: setze hingegen denen, die zu wenige Zähne in dem Munde haben, auf Begehren wieder andere ein, dergestalt, als wenn solche von Natur gewachsen wären, da sie denn damit essen können, wie sie wollen, auch dadurch eine deutliche Aussprache und proportionirten schönen Mund wieder bekommen. Zu dieser Zahn-Cur führe ich nun bey mir

5) Ein Englisches Zahnpulver, welches die Zähne von allem Weinstein, Schleim, Schärfe und salzigen Feuchtigkeiten rein und weiß erhält, welches seine Proben augenscheinlich machet; die Dosis pro 24. kr.

6) Eine

6) Eine heilende und adstringirende Zahntinctur, welche das lockere, faulende und materisirende Zahnfleisch in kurzem heilet, das Bluten benimmt, allen übeln Geruch des Mundes vertreibt, auch die Zähne schön fest und das Zahnfleisch wachsend machet, wenn man den Mund und das Zahnfleisch des Tages ein- oder zweymal damit wäschet; pro I. fl.

7) Einen Hauptgeist, welcher den reissend und ziehenden Zahnschmerz in Zeit von etlichen Minuten stillet, und zum Gebrauch viele Jahre kann aufgehoben werden; pro 20. kr.

8) Habe ich auch eine Panacee, oder ruhmwürdiges Perlenwasser, welches keine Schminke ist, und von mir denenjenigen insonderheit recommendiret wird, so mit Sommer- oder Leberflecken beladen sind; pro I. fl. 30. kr.

9) Einen gewissen Balsam, wo die Haare ausfallen, oder ausfallen wollen, solche wieder zu erfrischen und wachsend zu machen; pro 50. kr.

10) Ein sonderliches Pflaster für die Leichdorn oder Hüneraugen, wie auch Warzen an Händen rc. solche gänzlich damit zu vertreiben; pro 12. kr.

11) Ein vortrefliches Augen-Wasser, welches für dunkele, trübe, rothe, hitzige, rinnende und triefende Augen dienet; pro 30. kr. Ich weiß auch

12) Personen, welche schon seit vielen Jahren übeles Gehör haben, und das Tympanum nur noch nicht verletzt, nächst GOtt, in kurzer Zeit zu helfen.

Uebrigens, da ich nicht gewohnt bin, allerley Quacksalberey zu führen, oder allerhand Curen vorzunehmen, so auch einen rechtschaffenen Zahnkünstler nicht wohl anstehen, auch nicht in denen Häusern herum hausiren zu laufen, und viel Lobens und Rühmens von mir selber zu machen, sondern, nach dem bekannten Sprichworte, das Werk den Meister loben muß: So biete hiemit Vornehmen sowohl als Geringen meine Dienste an, um augenscheinliche Proben von mir zu gewärtigen, und in Ansehung meiner Verdienste auch des Preises, meiner Billigkeit wahrzunehmen. Personen vom Range belieben jedoch ohnmaßgeblich mich zu beordern, andere aber melden sich in meinem Logis, allwo ich anzutreffen bin Morgens von 7. bis II., und Nachmittags von 2. bis 6. Uhr. Innerliche Arzney wird bey mir nicht verkauft; was aber den Innhalt dieses Avertissements anbetrift, werde ich iedermann mit denen mir von GOtt verliehenen Kräften und allmöglicher Willfährigkeit zu bedienen, nicht ermanglen, und als einen approbirten Zahnkünstler gewiß sehen und finden lassen.

Logirt allhier im gelben Löwen bey St. Lorenzen, und wird sich nicht über ein Monat lang allhier aufhalten.

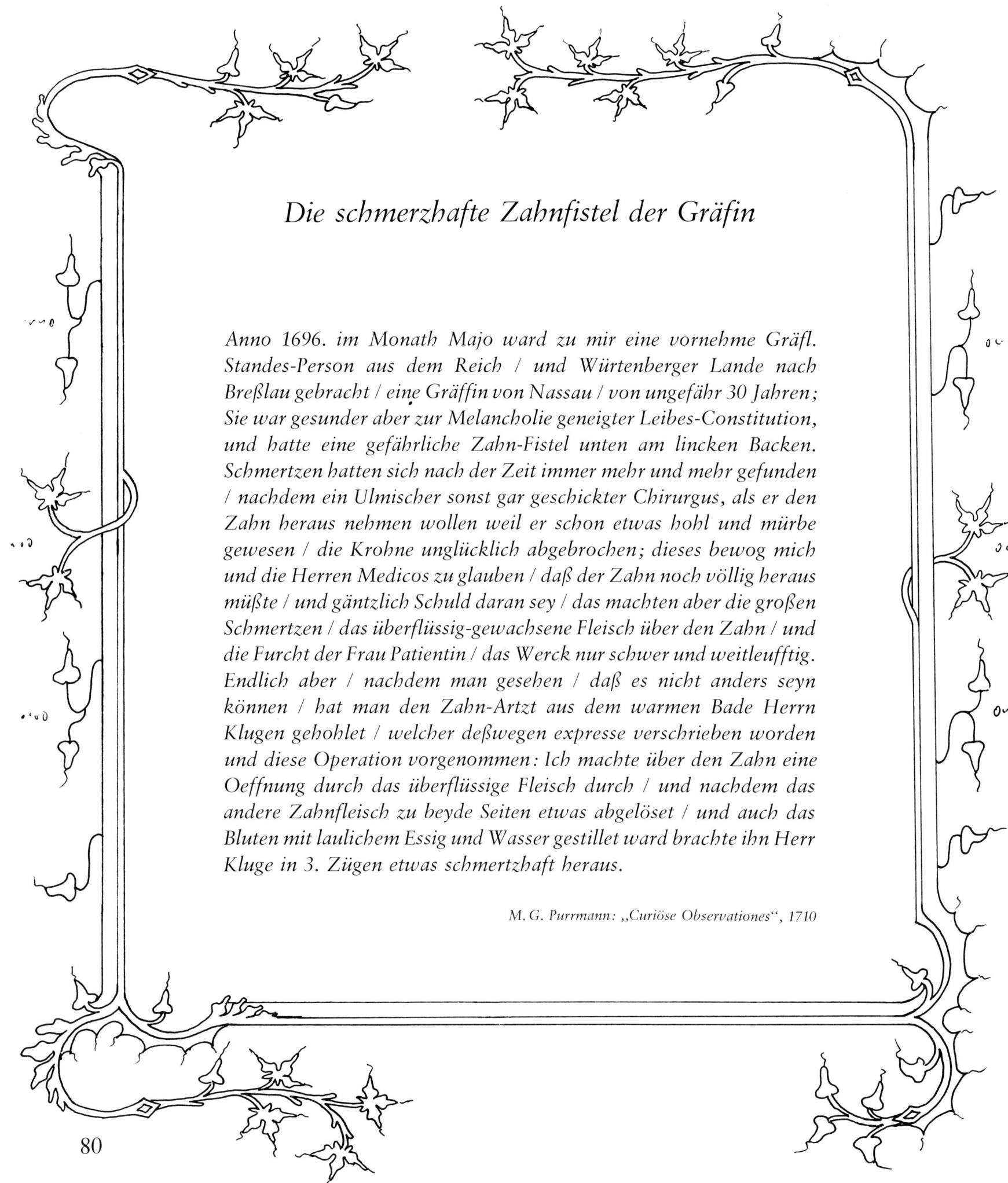

Die schmerzhafte Zahnfistel der Gräfin

Anno 1696. im Monath Majo ward zu mir eine vornehme Gräfl. Standes-Person aus dem Reich / und Würtenberger Lande nach Breßlau gebracht / eine Gräffin von Nassau / von ungefähr 30 Jahren; Sie war gesunder aber zur Melancholie geneigter Leibes-Constitution, und hatte eine gefährliche Zahn-Fistel unten am lincken Backen. Schmertzen hatten sich nach der Zeit immer mehr und mehr gefunden / nachdem ein Ulmischer sonst gar geschickter Chirurgus, als er den Zahn heraus nehmen wollen weil er schon etwas hohl und mürbe gewesen / die Krohne unglücklich abgebrochen; dieses bewog mich und die Herren Medicos zu glauben / daß der Zahn noch völlig heraus müßte / und gäntzlich Schuld daran sey / das machten aber die großen Schmertzen / das überflüssig-gewachsene Fleisch über den Zahn / und die Furcht der Frau Patientin / das Werck nur schwer und weitleufftig. Endlich aber / nachdem man gesehen / daß es nicht anders seyn können / hat man den Zahn-Artzt aus dem warmen Bade Herrn Klugen gehohlet / welcher deßwegen expresse verschrieben worden und diese Operation vorgenommen: Ich machte über den Zahn eine Oeffnung durch das überflüssige Fleisch durch / und nachdem das andere Zahnfleisch zu beyde Seiten etwas abgelöset / und auch das Bluten mit laulichem Essig und Wasser gestillet ward brachte ihn Herr Kluge in 3. Zügen etwas schmertzhaft heraus.

M. G. Purrmann: „Curiöse Observationes", 1710

80

Adriaen van Ostade (1610–1685): „Der Zahnbrecher";
Leipzig, Museum der bildenden Künste

Die Zahnoperation des Sonnenkönigs

Was das chronische Leiden des Königs am meisten verschlimmerte, waren seine schlechten Zähne. Er verlor sie schon sehr früh. Im Jahre 1685 zog man ihm die ganze linke Hälfte der oberen Zahnreihe aus. Welcher Pferdearzt oder Hufschmied mag wohl diese Operation an ihm vorgenommen haben? Denn mit den Zähnen hatte man ihm einen Teil des Oberkiefers und Gaumens mit ausgerissen! „Es hatte sich durch das Zersplittern des Oberkiefers, der mit den Zähnen herausgerissen wurde, am Gaumen ein Loch gebildet," berichtet Daquin, „das schließlich vereiterte, und aus dem sich bisweilen eine jauchige Flüssigkeit ergoß, wodurch ein sehr schlechter Mundgeruch entstand." – Der Arzt erwähnt sogar noch folgende fürchterliche Einzelheiten: „Die Speisen und Getränke drangen in den offenen Gaumen und kamen zur Nase wieder heraus . . ."

Man hat ja gesehen, wie geschickt seine Zahnärzte waren, die ihm gleich ein Stück Oberkiefer mit ausrissen, was schließlich Knochenfraß herbeiführte . . . Nach unendlichen Schmerzen legte man ihm vierzehnmal „Zugpflaster" auf, wie Daquin berichtet, „und Dubois, der sie ihm auflegte, war es schneller überdrüssig als der König, der es erdulden mußte. Sein starker Wille und seine Geduld waren unerschütterlich in notwendigen Dingen, wenn er sich einmal dazu entschlossen hatte". – Dann kam die berühmte Fisteloperation. Man schnitt lange an ihm herum, und eine Stunde später mußte er sich noch einen Aderlaß am Arme gefallen lassen. – Einen Aderlaß nach einer Operation, die eine unsagbare Qual gewesen war! Das geschah am 18. November 1686. Am 2. Januar des nächsten Jahres wurde er wieder geschnitten und außerdem mit Höllenstein ausgebrannt.

Ludwig Bertrand: „Ludwig der Vierzehnte"

David Teniers d. J. (1610–1690): „Der kecke Scharlatan"
Kassel, Staatliche Kunstsammlungen

Zahnbrecher-Kuriositäten I

Paris, den 15. Aug. Einige hiesige Studenten haben dieser Tagen dem bekannten Zahn-Brecher der grosse Thomas genannt, welcher seinen Laden auf der neuen Brücke nur auf Rollen stehen hat, diesen lustigen Possen gespielet, daß sie ihm 4 grosse Raqueten unten an sein Häuslein fest gemachet, und dieselbe eben zu der Zeit angezündet, als er im Werck begriffen war, einem Patienten einen Zahn auszuziehen, worauf dieser letztere zu Boden, und der grosse Thomas auf ihn gefallen, welches bey der Menge derer umstehenden Leuten ein grosses Gelächter verursachet.

Vossische Zeitung. Berlin 1729.

Paris, den 2. August. Künfftige Woche wird der berühmte Zahn- und Wund-Arzt Herr Girandly nach Petersburg abreisen, Jhro Rußis. Kaiserl. Maj. an einem gewissen Zufalle am Zahn-Fleische zu heilen. Diese Kaiserin hat ihm 3000 Pfund zu dieser Reise auszahlen lassen.

Vossische Zeitung. Berlin 1737.

Versailles, vom 3. Martii. Am 27. Februari zog der berühmte Königl. Zahn-Operateur Herr Caperon dem Dauphin in Gegenwart Sr. Maj. einen Zahn aus. Der junge Printz muste dabey viel ausstehen, weil der Zahn sehr tieff eingewurtzelt und von besonderer Grösse war; allein nunmehro befinden sich Se. Königl. Hoheit wieder recht wohl.

Vossische Zeitung. Berlin 1738.

Jan Victors (um 1620 – nach 1676): „Der Zahnbrecher";
Leipzig, Museum der bildenden Künste

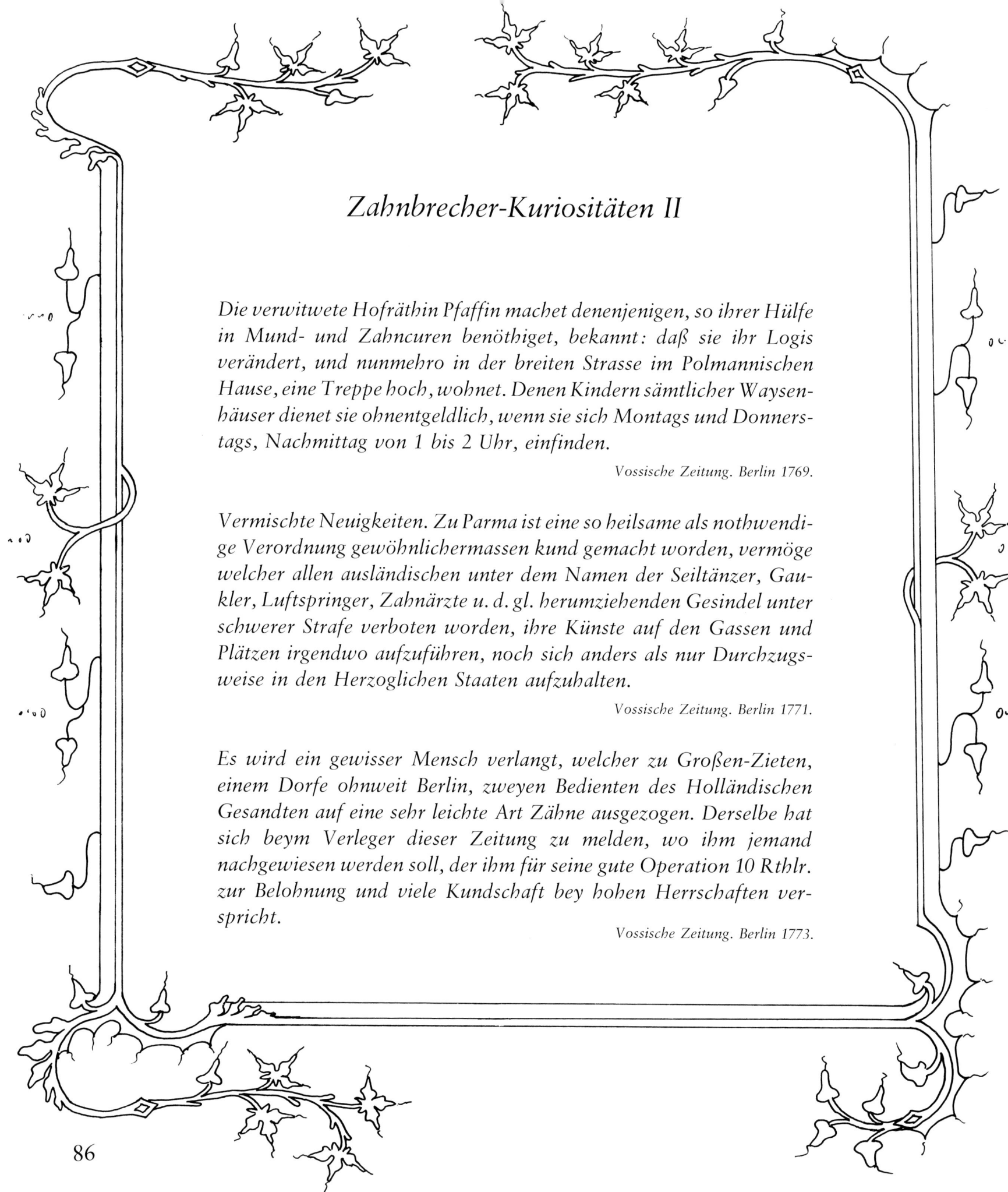

Zahnbrecher-Kuriositäten II

Die verwitwete Hofräthin Pfaffin machet denenjenigen, so ihrer Hülfe in Mund- und Zahncuren benöthiget, bekannt: daß sie ihr Logis verändert, und nunmehro in der breiten Strasse im Polmannischen Hause, eine Treppe hoch, wohnet. Denen Kindern sämtlicher Waysenhäuser dienet sie ohnentgeldlich, wenn sie sich Montags und Donnerstags, Nachmittag von 1 bis 2 Uhr, einfinden.

Vossische Zeitung. Berlin 1769.

Vermischte Neuigkeiten. Zu Parma ist eine so heilsame als nothwendige Verordnung gewöhnlichermassen kund gemacht worden, vermöge welcher allen ausländischen unter dem Namen der Seiltänzer, Gaukler, Luftspringer, Zahnärzte u. d. gl. herumziehenden Gesindel unter schwerer Strafe verboten worden, ihre Künste auf den Gassen und Plätzen irgendwo aufzuführen, noch sich anders als nur Durchzugsweise in den Herzoglichen Staaten aufzuhalten.

Vossische Zeitung. Berlin 1771.

Es wird ein gewisser Mensch verlangt, welcher zu Großen-Zieten, einem Dorfe ohnweit Berlin, zweyen Bedienten des Holländischen Gesandten auf eine sehr leichte Art Zähne ausgezogen. Derselbe hat sich beym Verleger dieser Zeitung zu melden, wo ihm jemand nachgewiesen werden soll, der ihm für seine gute Operation 10 Rthlr. zur Belohnung und viele Kundschaft bey hohen Herrschaften verspricht.

Vossische Zeitung. Berlin 1773.

Jan Steen (1626–1679): „Der Zahnbrecher";
Den Haag, Städtisches Museum

Ratschläge zur Zahnpflege aus der Goethezeit

Aus: Geschenk für Personen beyderley Geschlechts die Zähne gesund und schön zu erhalten nebst beygefügten bewährten Rezepten; entworfen von einem Arzt; Frankfurt am Main 1796

„Frauenzimmern ist vorzüglich zu empfehlen, daß sie sich mehr an das Wassertrinken gewöhnen mögen, als sie es sonst zu thun pflegen – auch alle heftigen Leidenschaften und Erhitzungen, besonders das heftige Tanzen zu vermeiden

Diejenigen Subjekte, die oft catharrhalischen Zahnschmerzen unterworfen sind, finden für dieses Übel einen wirksamen Schutz, wenn sie beständig feinen Flanell unmittelbar auf der Brust, oder ganze flanellene Camisöler auf dem Leibe tragen ...

Entstehen die Zahnschmerzen aus einem schwachen Magen, so müssen die Patienten die einfache Kost aller anderen vorziehen, sich vor der Menge der Gerichte hüten. Dadurch wird der Magen ungemein geschwächt, und zu übeler Verdauung und Blähungen Gelegenheit gegeben.

Wenn die von hohlen und cariösen Zähnen entstehenden Zahnschmerzen durch keine Arznei zu heben sind, so muß man sie mit einem glühenden Eisen ausbrennen lassen. Das tödtet den Nerven geschwind, gewiß, auf immer, und schadet den nahen Teilen nicht.

Das zu öftere, zu viele Reinigen, Putzen und Abreiben gereicht den Zähnen und dem Zahnfleische zu größten Schaden; das Zahnfleisch wird losgerieben; die Zähne werden endlich ihres Schmelzes beraubt; und dann werden sie so empfindlich, das Hitze und Kälte, Essen und Trinken Schmerzen verursachen.

Jan Steen (1626–1679): „Der Quacksalber“;
Amsterdam, Rijksmuseum

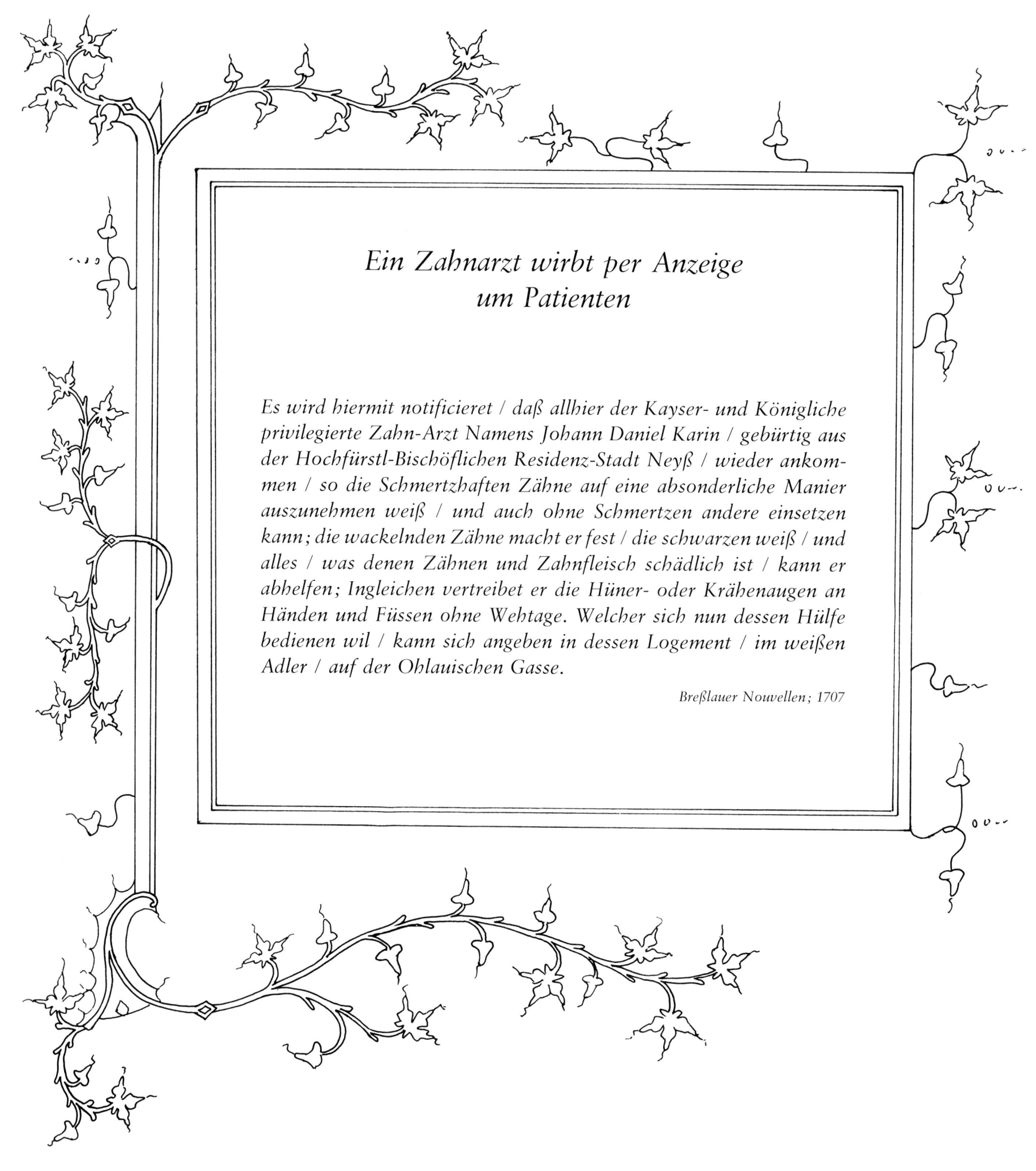

Ein Zahnarzt wirbt per Anzeige
um Patienten

Es wird hiermit notificieret / daß allhier der Kayser- und Königliche
privilegierte Zahn-Arzt Namens Johann Daniel Karin / gebürtig aus
der Hochfürstl-Bischöflichen Residenz-Stadt Neyß / wieder ankommen / so die Schmertzhaften Zähne auf eine absonderliche Manier
auszunehmen weiß / und auch ohne Schmertzen andere einsetzen
kann; die wackelnden Zähne macht er fest / die schwarzen weiß / und
alles / was denen Zähnen und Zahnfleisch schädlich ist / kann er
abhelfen; Ingleichen vertreibet er die Hüner- oder Krähenaugen an
Händen und Füssen ohne Wehtage. Welcher sich nun dessen Hülfe
bedienen wil / kann sich angeben in dessen Logement / im weißen
Adler / auf der Ohlauischen Gasse.

Breßlauer Nouvellen; 1707

Willem van Mieris (1662–1741): „Beim Zahnarzt";
Stuttgart, Bezirksärztekammer Nordwürttemberg

Skorbut – Geißel der Menschheit in alter Zeit

Zu Recht betrachtet man den Mangel an frischen Gemüsen als eine der Ursachen, welche den Körper zum Skorbut vorbestimmen. Wir kennen kein einziges Mittel, diese Krankheit zu heilen, außer die Säfte frischer Kräuter. Es ist auffällig, daß alle Gemüse und alles, was man daraus bereitet, sei es, daß man die Wurzel, das Kraut oder die Früchte benützt, den gleichen Erfolg haben. Die Einwendung, daß es Menschen gibt, die niemals Gemüse essen, ist unhaltbar, da diese vielleicht frisches Fleisch, Milch und andere Speisen genießen, an welchen die Kräuter und Feldgewächse bereits das ihrige gegeben haben.

L. Rouppe, niederländischer Schiffsarzt, 1765

Giovanni Battista Tiepolo (1696–1770): „Der Zahnbrecher";
Paris, Louvre

Eine polemische Fußnote

F. G. Galette: Anatomische, physiologische und chirurgische Betrachtungen; Mainz, 1813

Eigentlich gehörte dieses Machwerk der Schmidt'schen Muse nicht in die Reihe der hier verzeichneten Schriften, denn es ist nichts weiter, als eine 24 Seiten starke Broschüre, wie sie von herumziehenden Zahnbrechern zu Duzzenden ausgetheilt wird. Auch findet man in derselben, wie in allen Flugblättern dieser Art, die unvergleichliche Kunst ihres Herrn gerühmt, seine Zahnelixire ausposaunt und deren Wunderkraft gepriesen. Ich hätte also billig dieselbe mit Stillschweigen übergehen sollen, wenn ich nicht geglaubt hätte, bei dieser Gelegenheit eines schriftstellerischen Unfuges erwähnen zu müssen, der die nachdrüklichste Rüge verdient. Herr Schmidt entblödet sich nemlich nicht, das Publikum glauben machen zu wollen, als habe sein Geistesprodukt so vielen Beifall gefunden, daß das erste Duzzend Auflagen bereits vergriffen wäre, und sezt kek auf den Titel, des vor mir liegenden Exemplars, dreizehnte verbesserte Auflage. Sollte dieß wohl mehr, als eine dem Handwerk eigene Scharlatanerie seyn? Noch unglaublicher wird es aber meinen Lesern vorkommen, wenn ich ihnen sage, daß diese Sudelei 3mal, schreibe dreimal, von drei anderen Buchmachern fast wörtlich abgeschrieben und unter ihrem Namen herausgegeben wurde. Der erste ist ein, wie er sich nennt, privilegirter (von wem erfährt man nicht) Zahnarzt, Namens Jakob Lindlau, der wenigstens das Verdienst hat, unsern Hrn. Schmidt wörtlich treu, Zeile für Zeile, sammt dem ganzen Titel, abgeschrieben, und ohne auch nur ein einziges Wort mehr aus eigener Fabrik hinzu gethan zu haben, als daß er am Ende, statt der Schmidt'schen, seine eignen Essenzen einem hochzuverehrenden Publikum empfiehlt. Der zweite ist ein gewisser Theodor Beck, Grosherzoglich Bergischer Zahnarzt, der armseligste von allen, den ich dem Publikum bereits bei einer andern Gelegenheit kenntlich gemacht habe. Hätte dieser Homuncio, wie Lindlau, seinen Vorgänger ebenfalls nur abgeschrieben, so würde man sein Opus wenigstens lesen und verstehen können. So aber hat er sich beigeben lassen, allerlei, als Kopf und Schwanz seines Werkleins, ex propriis hinzuzufügen, worin nicht einmal gesunder Menschenverstand ist. Auch er hat den Titel der Schmidt'schen Broschüre wörtlich beibehalten. Der Dritte, ein Waldekischer Hofzahnarzt, Namens J. M. Lichtenstein, hat zwar letzteres nicht gethan, allein bis S. 16 ebenfalls sein großes Muster verbotenus abgeschrieben. Dann folgen noch einige Kapitel aus dem reichen Schazze seines eigenen Geistes. Der Rezensent der Lichtensteinischen Schrift, welcher dieselbe im Februarheft 1812 der hallischen Literatur-Zeitung nach Verdienst gewürdigt hat, wußte wahrscheinlich nichts von diesem Plagiat, sonst würde er wohl etwas derber mit dem Schächer verfahren haben.

Aber warum, fragen wir, haben diese Raben, die mit fremden Federn sich schmükken wollten, oder vielmehr, wegen eigner Blöße, schmükken mußten, sich der Federn eines Vogels wie Schmidt bedient, und nicht, da doch gestohlen werden sollte, einen Hunter abgeschrieben? Aber so verstehen sich überall die verwandten Geister!

Pietro Longhi (1702–1785): „Der Zahnbrecher";
Mailand, Pinacoteca di Brera

Zahnschmerz-Poesie

Denn noch bis jetzt gab's keinen Philosophen, der mit Geduld das Zahnweh konnt' ertragen.

(Shakespeare, Viel Lärm um nichts)

*

An kleinem Zahnweh fühlt man frey, wie elend unser Leben sey.

(Deutscher Spruch)

*

Wer Zahnschmerz hat, dem vergeht das Lachen wohl.

(Holländischer Spruch)

*

Mitunter sitzt die ganze Seele in eines Zahnes dunkler Höhle.

(Wilhelm Busch)

Giovanni Michele Graneri (1736–1778): „Der Zahnbrecher";
Turin, Museo Civico

Holzschnitt aus dem Jahr 1557: „Der Kräutergarten"

Kräuterkundige – Arzneikrämer – Apotheker

„Apotheke" nannte man im Mittelalter die Lager und Speicher für alle möglichen Waren wie Tuche, Gewürze oder auch Heilmittel. Der Apotheker war nichts anderes als der Lagerarbeiter oder Lagerverwalter. Allmählich wurde der Begriff in seiner Bedeutung eingeengt auf den Heilmittelbereich. Apotheker hießen dann alle diejenigen, die Heilpflanzen suchten oder mit Arzneimittel handelten und im Laufe der Jahrhunderte zu Heilgehilfen der Ärzte aufstiegen, also Kräuterweiber und Wurzelstecher, Gewürzkrämer und venezianische Drogenhändler, Jäger und Schäfer, Köche und Zuckerbäcker. Jäger und Schäfer wurden als Rohstofflieferanten schon erwähnt (s. S. 20), Köche und Zuckerbäcker nehmen sich in dieser Reihe recht fremdartig aus. Sie gehören deshalb dazu, weil sie die oft widerlichen Arzneien in Honig und Zucker hineinarbeiteten und so schmackhafter machten. Natürlich wollten sie den lukrativen Verkauf der Arzneien dann auch selbst in der Hand behalten.

Erbitterte Konkurrenzkämpfe begleiteten den Aufstieg der Tagelöhner, denn das waren ja die Kräuterweiber, Wurzelstecher usw., zu dem dagegen privilegierten, den Handwerkern gleichgestellten und geachteten Stand der Apotheker. Die Ärzte pfuschten den Apothekern ins Handwerk, wenn sie Heilmittel selbst herstellen und das Honorar dafür einstreichen wollten, die Apotheker umgekehrt den Ärzten, wenn sie Blutegel ansetzten oder Klistiere verabreichten, also die Behandlung gleich mit übernahmen. Zuckerbäcker, Gewürzkrämer, „Trogisten" und „Materialisten", all die Lieferanten der Ausgangsstoffe, versuchten am Heilmittelmarkt zu partizipieren. Die schlimmsten Konkurrenten waren aber die fahrenden Heilkünstler, Zahnbrecher, Quacksalber und Marktschreier. Eine staatliche Ordnung des Gesundheitswesens und ein Interessenausgleich zwischen Arzt und Apotheker einerseits, aber auch zwischen Apotheker und „Trogisten" andererseits war dringend notwendig (s. S. 102).

Die Epedemiewellen der Pest, der Cholera und der Syphilis ließen den Bedarf an Arzneimitteln sprunghaft steigen und erhöhten die Bedeutung des Apothekerwesens im 15. und 16. Jahrhundert. Gleichzeitig stiegen mit der Einführung mineralischer Substanzen in die Heilmittelherstellung durch Paracelsus und mit den überseeischen Drogenimporten, vor allem Tabak, Chinarinde und Gujakholz, die Anforderungen an die Apotheker.

Deshalb wurden Ausbildungsgänge festgelegt, die ein Grundwissen garantierten. Bis zum Ende des 18. Jahrhunderts erteilte der Prinzipal nach sechsjähriger zünftiger Lehrzeit den Lehrbrief. Darauf folgte eine sechs- bis siebenjährige Gehilfenzeit, die mit dem Apotheker-Examen vor dem Zunftcollegium abgeschlossen wurde. – 1795 wurde dann das erste Pharmazeutische Institut von J. B. Tromsdorff errichtet, aber erst Mitte des 19. Jahrhunderts wurde die akademische Ausbildung für Apotheker obligatorisch.

Daß der heutige Apotheker seine historischen Wurzeln sowohl im gewöhnlichen als auch im „gelehrten" Quacksalbertum hatte, machen die folgenden Zitate deutlich. Sie stammen überwiegend aus der Zeit vor dreihundert Jahren, als die Arzneiwissenschaft noch ein unglaubliches Sammelsurium von Kauzigem, Skurrilem, ja Ekelhaftem war, belastet von unsinniger Tradition und Aberglauben. Menschliche und tierische Ausscheidungen, Leichenteile, Spinnen, Kröten, Skorpione als Grundsubstanzen der Arzneimittelherstellung – sie lassen sich beinahe nur durch die Kulturverwilderung im 30jährigen Krieg erklären.

Miniatur: „Der Gewürzhändler";
aus dem Hausbuch der Mendelschen 12-Brüder-Stiftung,
Nürnberg, Stadtbibliothek

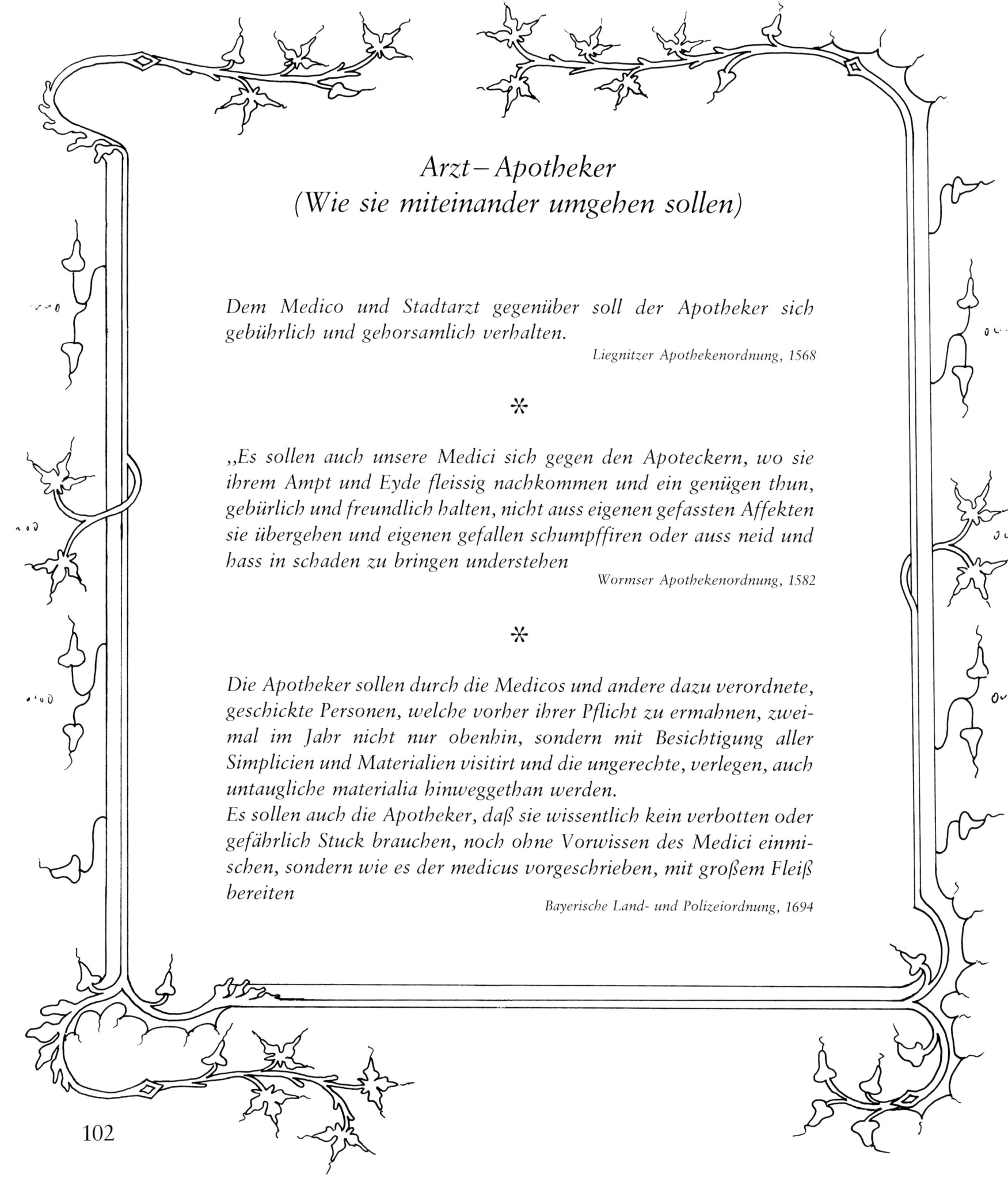

Arzt – Apotheker
(Wie sie miteinander umgehen sollen)

Dem Medico und Stadtarzt gegenüber soll der Apotheker sich gebührlich und gehorsamlich verhalten.

Liegnitzer Apothekenordnung, 1568

*

„Es sollen auch unsere Medici sich gegen den Apoteckern, wo sie ihrem Ampt und Eyde fleissig nachkommen und ein genügen thun, gebürlich und freundlich halten, nicht auss eigenen gefassten Affekten sie übergehen und eigenen gefallen schumpffiren oder auss neid und hass in schaden zu bringen understehen

Wormser Apothekenordnung, 1582

*

Die Apotheker sollen durch die Medicos und andere dazu verordnete, geschickte Personen, welche vorher ihrer Pflicht zu ermahnen, zweimal im Jahr nicht nur obenhin, sondern mit Besichtigung aller Simplicien und Materialien visitirt und die ungerechte, verlegen, auch untaugliche materialia hinweggethan werden.
Es sollen auch die Apotheker, daß sie wissentlich kein verbotten oder gefährlich Stuck brauchen, noch ohne Vorwissen des Medici einmischen, sondern wie es der medicus vorgeschrieben, mit großem Fleiß bereiten

Bayerische Land- und Polizeiordnung, 1694

Holzschnitt des Israhel van Meckenem (um 1450–1503):
„Arzt und Apotheker"

Die Pflichten des Apothekers

Württembergische Medizinalordnung, 1559

Der Apoteker soll auch keine materialia oder Arznei vermischt und unvermischt, so Gift tragen und haben, oder darmit man Kinder verderbt oder die Vitra machen und ad provocandam libidinem verkaufen, dan den adprobierten Wundarzeten, die es allein zu bewerter Arznei prauchen wöllen, oder da die Doctores hinschreiben und mit ihren judiciis verordnet, oder ihme Apoteker die Personen unverdächtlich wol bewiszt damit aufrichtiglich gehandelt werde, doch soll der, dem solche venenosa materialia und Arznei verordnet oder kaufen will, sein Treu geben, solche nienderthin dan der Arzeten Rath und sonst dem Menschen zu keinerlei Nachthail oder Gefahr, Bosheit oder Betrug zu gebrauchen.

Er Apoteker soll auch solchen oder solliche mit ihrem Tauf- und Zunamen in ein besonder darzu gehörig Register verzaichnen: auf N. Tag hat N. oder N. das von mir genommen in N. N. Jahr.

Item von der Apotek über Feld nit raisen ohne Vorwissen des Doctors und die Apotek nit leer lassen stehen.

Item soll auch jeder Zeit an der verordneten Tax in allen Stucken bei der Apotek, wie jeder Zeit taxiert worden und ihme ein Zettel deszhalben gegeben wirt, sich settigen lassen, Niemand darüber betheuren, welcher Taxzettel in der Apotek meniglich zu Gesicht offentlich fürgehenkt, darinn zu sehen, dasz Niemand beschwert oder übernommen werd.

Und nachdem ettlich ungemischte Arznei, Simplicia oder Materialia genant, sich nicht allzeit im gleichen Gelt als andere Waaren taxieren lassen, aus Ursachen, dasz die in Käufen aufsteigen und abschlahen so soll er Apoteker jährlichen und jedes Jahrs besonder nach jeder der beeder Frankfurter Messen in die Canzlei schriftlich und underschidlich anzaigen, was deren in Kaufen auf und abgestigen sei, damit man in selbigen Stucken zimlich und billich Tax machen könde.

Und solle er Apoteker allweg frische und ausgelesne Materialia, auch Simplicia, der Güte und nicht der Wolfeile nach kaufen, also sich hiemit selber vor Spott, Nachthail und gebürendem Einsehen verhüten mögen.

Er soll auch hieneben hochermelten unserm gn. F. u. H. die Erbhuldigung und dann der gemainer Statt, da er sein Apotek und Sitz haben wirdet, den Burgerraid erstatten und leisten und alle und Darauf soll er globen und ein Aid schweren.

Fresko (spätes 15. Jh.): „Blick in eine Apotheke";
Aostatal, Burg Issogne

Theriak – das Allheilmittel

Aber daß fürtrefflich confect des theriacks hatt unzalbare vilfaltige kräfft und tugent, welche es in uns gewaltigklich würcken mag ... denn man hatt auß gewüsser erfahrung, daß er vast nutz und gut ist wider das podagram und zipperlein, so stellt und trucknet er auch auff die herabfliessende flüß, hilfft den wassersüchtigen, reinigt die außsätzigen, vertreibt die melanckolische sinnlosigkeit, dient auch fürnehmlich wider die gälsucht, niernstein, blutspeien, heisern keichen und schweren athem, für verstopffung der läber unnd deß miltzs, für die überflüssig gall, rote rur, schwachen und undöuwigen magen. Er mag auch im viertägigen fieber gegeben werden, benimmt die fallend sucht, und fürt oder treibt alle würm auß dem leib. Der theriack ist auch ein überauß heilsame artznei wider die pestilenz.

Konrad Geßner, *Stadtphysicus von Zürich*, 1564

Holzschnitt aus dem Jahr 1512:
„Ärztliche Visitation der Theriakzubereitung"

Privilegien für Apotheker

Württembergische Medizinalordnung, 1559

Dieweil einem jeden Apoteker mit sonderm Ernst eingebunden wirdt, seiner Apotek selber zu gewarten und wenig darvon sein kan, ob gleich einer ein Diener hat, und dann auch dem gemeinen Nutz und Menschen so Tag so Nacht zu gewarten, daran nit wenig sonder merklich gelegen, so ist verordnet und zugelassen, dasz ein jeder Apoteker aller der gemeinen Frohn, Wachens und Thorhütens seiner Person halber an dem Ort, da er sein Apotek hat, frei sitzen, auch Macht haben, neben den apotekischen Materialibus auch alle Specerei, doch gerecht und gut uff die Prob, darzu alles auch was zu allerhand Farben gehört, fail zu haben.

Und darmit die Apoteker ihre gute Materialien und apotekische Composita dester basz und mit mehrerm Vertrieb der Ordination nach haben und erhalten mögen, so soll keinem Wurzenträger, Zanbrecher, Tiriaxverkeufer oder andern dergleichen Huckler, Krämer auch Scherer, er sei frembd oder einheimisch, in disem Fürstenthumb gestattet werden, einiche Materialien oder Arznei fail zu haben noch zu verkaufen ... Apoteken gewisen werden, bei der Straf von hochermelten unsers gn. in Bedenkung dasz solche Krämer und Zanbrecher die Materialien und componierten Arzneien und Latwergen ihren gepürenden rationibus nach nit wissen zu corrigieren, zu miscieren, praeparieren, conficieren noch mit Underschaid zu verkaufen, auch der Gefahr, die zu gewarten, dasz solche Leut eintweder mit Unverstand oder alt verlegen Ding ihrem aignen nützigen Gewinn nach machen oder kaufen und verkaufen, so man sonst solche hinwerfen müsste, also dasz dem gemainen Nutzen nicht ein ringe Gefahr und Verwahrlauszung hiemit zu gewarten steet. Und soll einem jeden Doctorn, Apoteker und deren Knechten mit Ernst auferlegt sein, wa sie deren einen oder mehr erfahren, Macht und Fug haben, die selbigen zu rügen und fürzubringen, welche deren Einer also gerügt, soll der Gerügt dem Rüger geben ein Gulden, und nichts desto weniger der Gerügt sein gebürende Straf entpfahen. Und darmit sich deren keiner der Unwissenheit zu entschuldigen habe, so soll deszhalber in der Substanz ein underschidlicher Artikel in Craft der Oberkeit in jeder Statt an das Rathhaus angeschlagen und publiciert werden.

Jacques Grief Claeuw (um 1620 – nach 1676): „Apotheken-Stilleben";
Bonn, Rheinisches Landesmuseum

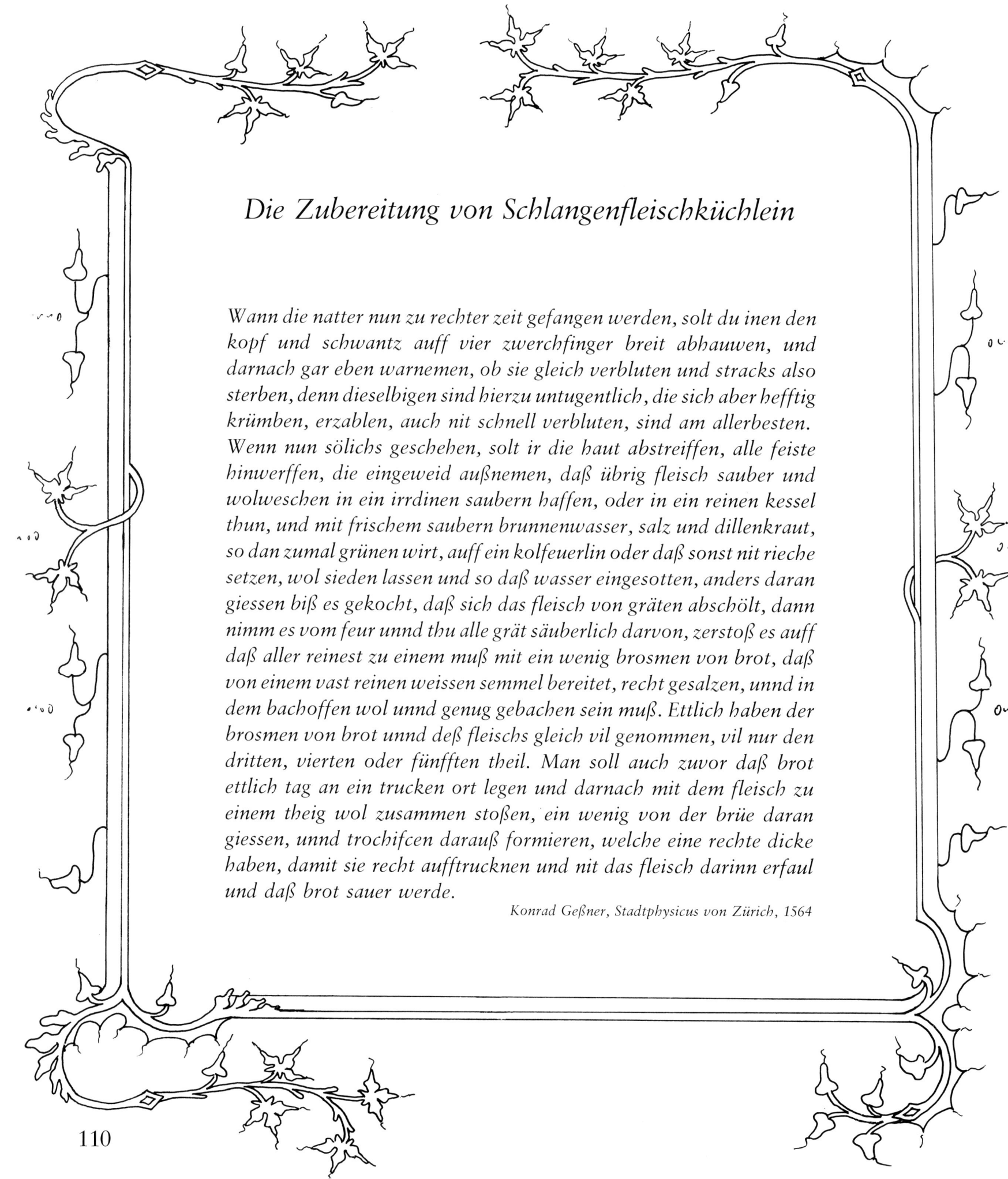

Die Zubereitung von Schlangenfleischküchlein

Wann die natter nun zu rechter zeit gefangen werden, solt du inen den kopf und schwantz auff vier zwerchfinger breit abhauwen, und darnach gar eben warnemen, ob sie gleich verbluten und stracks also sterben, denn dieselbigen sind hierzu untugentlich, die sich aber hefftig krümben, erzablen, auch nit schnell verbluten, sind am allerbesten. Wenn nun sölichs geschehen, solt ir die haut abstreiffen, alle feiste hinwerffen, die eingeweid außnemen, daß übrig fleisch sauber und wolweschen in ein irrdinen saubern haffen, oder in ein reinen kessel thun, und mit frischem saubern brunnenwasser, salz und dillenkraut, so dan zumal grünen wirt, auff ein kolfeuerlin oder daß sonst nit rieche setzen, wol sieden lassen und so daß wasser eingesotten, anders daran giessen biß es gekocht, daß sich das fleisch von gräten abschölt, dann nimm es vom feur unnd thu alle grät säuberlich darvon, zerstoß es auff daß aller reinest zu einem muß mit ein wenig brosmen von brot, daß von einem vast reinen weissen semmel bereitet, recht gesalzen, unnd in dem bachoffen wol unnd genug gebachen sein muß. Ettlich haben der brosmen von brot unnd deß fleischs gleich vil genommen, vil nur den dritten, vierten oder fünfften theil. Man soll auch zuvor daß brot ettlich tag an ein trucken ort legen und darnach mit dem fleisch zu einem theig wol zusammen stoßen, ein wenig von der brüe daran giessen, unnd trochifcen darauß formieren, welche eine rechte dicke haben, damit sie recht aufftrucknen und nit das fleisch darinn erfaul und daß brot sauer werde.

Konrad Geßner, *Stadtphysicus von Zürich, 1564*

Kupferstich des 16. Jh.: „Die Schlangenfänger"

Paracelsus über die Heilkraft der Schlangen und Kröten

In der Fassung von Will-Erich Peuckert; Jena 1928

So gebührt sich nun zu schreiben, nämlich was Nutzbarkeit durch die Schlangen ausgerichtet und zu Wege ist gebracht worden. So wißt erstlich von ihrer Zunge, wie wunderbarlich sie sich in ihrer Kraft erzeigt. Dahin ists kommen, daß ihrer viel sie haben bei sich getragen für ein sonderliches Heiltum, nämlich für Waffen, für alle sichtbaren und unsichtbaren Feind. Hat ihnen auch oftmals viel Glück und Sieg verliehen, nicht allein in Kampf und Streit, sondern auch in viel andern Sachen. Also haben auch viel Buhler und Buhlerinnen ihre Buhlschaft zuwege gebracht. Wiewohl der Glaub in diesen und andern auch etwas gibt. Also haben auch etliche diesen Teil einem Menschen auf sein bloßes Herz gebunden, der ein innerlich Geschwür hatte am Herzen. Und hat es das Gift ohne Eröffnung der Haut herausgezogen, solchermaßen, daß man das Gift tropfenweise daran hangen sah, welches man allweg abwischt und wiederum überlegt, so lang bis kein Tropfen mehr erscheint. So ist alsdann der Patient genesen. Also auch mit den Kröten zu handeln ist, daß die Krott lebendig aufgespießt werde, durch den Kopf mit einem Holze, und daran an die Luft gehenkt, bis sie ganz dürr wird, darnach auch übergebunden in einem leinenen Tuch; so hat sie alles Gift aus dem Patienten in sich gezogen. Nun ist das nicht zu verwerfen, dieweil das also abscheuliche Tiere seind, und sich die ganze Natur des Menschen entsetzt, so sie in ihrem Leben dem Menschen zu nahe kommen – sondern man soll sie für große Mysteria der Natur in Medicina halten. Nun aber wißt, daß in der Schlangen Haut oder Balg auch große Kraft verborgen ist, nicht allein zu gar schneller Heilung der Wunden, so sie gepulvert und in die Wunden gestreut worden ist, sondern es haben sie auch gar viel um den bloßen Arm getragen, darin sie das Waffen geführt, und haben damit glücklich in allem Streit und Kampf gesiegt. Dahin ists auch kommen, daß die schwangeren gebärenden Frauen, so in Kindesnöten gelegen, habens um den Hals oder Leib getragen, und hat ihnen das auch schnellen Sieg in solchem Kampf verliehen. Daß aber ein jeder Balg solche Kraft habe, ist nicht, sondern allein diese, so die Schlangen selbst abstreifen ...

Darum so wißt, daß nicht die erste Schlang im Paradeis Macht und Kraft gehabt aus sonderlichem Verhängnis, Adam und Eva so hoch in das Licht der Natur zu setzen, und alles Natürliche, Gutes und Böses, zu erkennen geben; sondern auch nach der alle andern Schlangen solche große und hohe Mysteria von Natur und sonderlichem Willen Gottes haben. Daraus wohl zu vermuten ist, daß nicht ohne Ursach die erste Sünde, Fall und Übertretung des Gebotes Gottes durch die Schlang geschehen ist.

Wiewohl ich nit im Willen gehabt, von diesem zu schreiben, achte ich doch, daß von hohen Nöten sei, nit allein Medicinam, sondern alle andern Kunst und Geheimnisse der Natur von neuem zu pflanzen. Dieweil sie doch allgemach in Vergessenheit kommen und von den Unverständigen verachtet und gelästert werden, welches ich für eine Straf acht, dieweil man die hohen Gaben und Mysteria Gottes nicht für Gaben Gottes erkennet.

Mattheus van Helmont (1623 – nach 1679): „Der Apotheker";
Metz, Musée des Beaux Arts

Die gesetzliche Regelung in Bayern
(Wer darf was verkaufen)

Die ausländischen Zahnbrecher, Salben-, Oel- und Wasser-Kramer (es hätte denn einer von dem Landesfürsten Urkund) sollen im Land nit geduldet werden; aber die inländischen solchergestalt, wann sie um ihre Salben oder Arzeneyen vorher examinirt und für Recht erkannt worden sind, und wenn sie auch derentwegen Urkund aufzuweisen haben; doch Gewürzkrämer sowohl ausländische als inländische sollten wohl als Kramer und nicht für Aertzten passirt werden; aber auch, daß sie nicht schreien. ... Gerecht, unvermischt und unverfälscht soll das gestossen Gewürtz jederzeit verkauft werden; doch von den Obrigkeiten etlichmal im Jahr jetzt in diesem, auf eine andere Zeit in einem anderen Kramladen, unversehnes und ungewarnet eingeschicket und der Nothdurft nach beschauet werden; auch die Verbrecher, wenn Falsch darinnen gefunden wird, nach Größe deß Verbrechens schwerlich gestraft werden.

Bayerische Land- und Polizeiordnung; 1649

Kupferstich des 18. Jh.: „Die Herstellung von Arzneien"

Das Fett der armen Sünderin
(Nebenerwerb des Scharfrichters)

Auff pittliches Anhalten herrn Georg Adam Schmids daher, das schmaltz aus dem, der heut zu dem schwert verutheilten Cathry Weber ruggen nemmen möge, haben u.g.H. gesprochen, daß sie ihm gedachtes schmaltz aus dem ruggen, aber nit weiters undt dis er aber gheimbt, ausscheiden könne vergünstiget. Der Körper aber söll noch disen abend zur erde bestattet werden.

Ratsbuch der Stadt Luzern, 1707

*

Leichen als pharmazeutische Rohstoffe
(Eine schauderhafte Praxis)

Als die übrigen Türken in dem Lager so hart auf die Bayerischen und Wallonen gestoßen, sind sie wieder zurück, und auch in unser Lager gekommen. Wollten gern wieder über die Tranchéen naus. War aber unmöglich, Maßen diesseits die aufgeworfene Erde eine große Tiefe machte, daß Mann und Pferd den Hals stürzete und mit den Pieken vollends totgestochen wurde. Da ging es an ein Schießen und Metzlen, daß nicht einer davon kam!

Sie waren so verbaset und irre, daß ich selbest gesehen, daß sie dasaßen aufm Pferd, hatten zwar den Säbel in der Hand, doch die Hände übereinander geschlagen, ihre Augen gen Himmel gerichtet, und ließen sich so totschießen. Wurde auch keiner bei dem Leben gelassen, sondern alle massakrieret und meist die Haut abgezogen, das Fett ausgebraten und die membra virilia abgeschnitten und große Säcke voll gedörret und aufbehalten. Als woraus die allerkostbareste mumia gemacht wird.

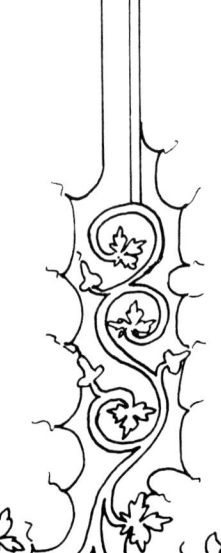

Meister Johann Dietz erzählt sein Leben, um 1720

Pietro Longhi (1702–1785): „Die Apotheke";
Venedig, Galleria dell'Accademia

Un Apoticaire.   Ein Apotecker.

1. vase pour la conserve de l'opiat. 1. Gefäße Medrithat aufzuheben. 2. toutes sortes de boëttes à me-
decines. 2. Schachtlen und Büchsen mit Arzneyen. 3. verres à medecine. 3. Gläßlen mit Arzneyen.
4. lesars, viperes, serpens. 4. Schlangen oder Ottern, vipern. 5. patule. 5. Spatlen. 6. cirinque. 6. Sprützen.
7. cruche. 7. ein Krügle. 8. goblet d'or à prendre medecine. 8. ein goldenes Becherl zum einnehmen. 9.
recepte. 9. recepte. 10. fourneau. 10. ein Ofen. 11. mortier. 11. ein Mörser. 12. pilon. 12. der Stößel.
13. aloe. 13. aloe. 14. Simples. 14. allerlen zur Arzeney dienliche Kräuter.

Cum Priv. Maj.

Mart. Engelbrecht. excud. A.V.

Satirischer Kupferstich des 17. Jh.: „Ein Apotheker"

Barbiere – Wundärzte – Knochenkünstler

Jahrhundertelang war der Ärztestand zweigeteilt. Neben dem studierten, gelehrten und sozial angesehenen „medicus" wirkte der handwerklich ausgebildete Wundarzt, der auf einer niedrigeren sozialen Stufe stand. Diese Zweiteilung geht schon auf Platos Beurteilung von handwerklicher und geistiger Tätigkeit zurück, wobei das Philosophieren weit höher geschätzt wurde. Der „chirurgus" (der „mit der Hand" arbeitende Wundarzt) hatte die simplen und oft unangenehmen Tätigkeiten zu verrichten, für die sich der philologisch und philosophisch gebildete Arzt zu schade war. Er hatte mit allem Übelriechenden, mit Blut und Eiter, Urin und Kot zu tun, er mußte Wunden mit Brenneisen und Verbänden versorgen, er führte Amputationen mit Messer und Knochensägen aus, setzte Klistiere und ließ zur Ader. Der studierte Arzt überwachte diese oft tödlich ausgehenden Eingriffe und gab aus der Ferne dem niederen Heilpersonal, dem Wundarzt und dem Apotheker, seine Anweisungen. Seine eigene Ausbildung bezog er ausschließlich aus den Schriften der Alten.

Medizinischer Fortschritt mußte so lange auf der Stelle treten, wie Theorie und Praxis weit voneinander getrennt blieben. Erst als einzelne auf botanischem und chemischem Gebiet, dann auch in der Anatomie anfingen, Experimente durchzuführen, also selbst Hand anlegten und die Ergebnisse der Untersuchungen in Systeme einordneten, da erst kam Bewegung in die Medizinwissenschaft. Im 16. Jahrhundert lockerten sich die kirchlichen und weltlichen Verbote der Leichenöffnungen, die ersten „anatomischen Theater" entstanden. Beim Sezieren folgte eine physiologische Entdeckung der anderen, die physiologischen Zusammenhänge wurden immer klarer, Krankheitsursachen wurden aufgedeckt. Da erst dämmerte es den gelehrten Medizinern, daß die ärztliche Wissenschaft nicht in der Antike zum Abschluß gebracht worden war, wie man jahrhundertelang geglaubt hatte, sondern daß im Gegenteil die größten Geheimnisse noch entschlüsselt werden mußten, und zwar im systematischen Experiment, im Labor und im Anatomiesaal. Damit erwies sich die klassische Zweiteilung der

Ärzte als untauglich für ein wirksames Gesundheitswesen. Aus den zünftigen Wundärzten entwickelten sich die Fachärzte, so wie aus den Kräuterkundigen allmählich die Apotheker und aus den Zahnbrechern die modernen Zahnärzte wurden.

Gegen das unkontrollierte Zuströmen zu den Heilberufen von aufgeweckten und geschäftstüchtigen Laien (Quacksalbern) war schon durch die zunftmäßige Ausbildung der Wundärzte eine erste Schranke errichtet worden. Aber durch ihr psychologisches Geschick und ihren reichen Erfahrungsschatz konnten sich die fahrenden Heilkünstler noch lange nebenher behaupten. Erst die neuerliche Höherqualifizierung von Wundarzt, Zahnarzt und Apotheker und deren Ausbildung, die nun Theorie und Praxis vereinte, nahmen den Quacksalbern ihren empirischen Vorsprung und ließ einen Wissensgraben aufbrechen, die der kulturgeschichtlichen Figur des Quacksalbers den Boden entzog.

Die soziale Wirklichkeit des Quacksalbers hat sich verflüchtigt. Der hochstaplerisch als Arzt auftretende Laie ist heute zu einer singulären Erscheinung geworden, während er vom 16. bis zum ausgehenden 18. Jahrhundert die Masse des Heilpersonals stellte. Nur das Schimpfwort Quacksalber hat sich erhalten in einer Weise, die den damaligen Quacksalber, der dem studierten Arzt oft überlegen war, geradezu beleidigt.

Miniatur: „Der Wundarzt beim Salbenreiben";
aus dem Hausbuch der Mendelschen 12-Brüder-Stiftung,
Nürnberg, Stadtbibliothek

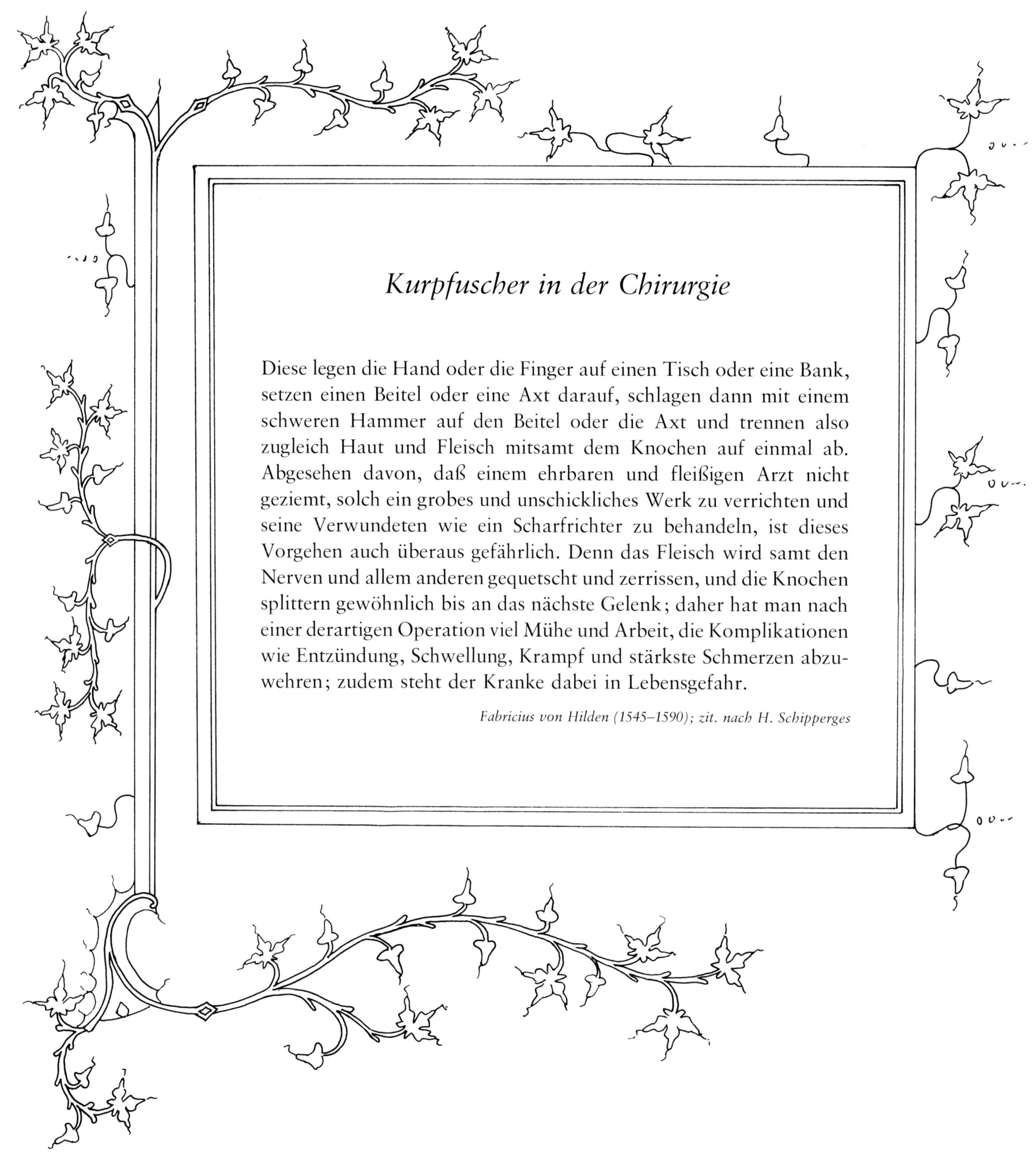

Kurpfuscher in der Chirurgie

Diese legen die Hand oder die Finger auf einen Tisch oder eine Bank, setzen einen Beitel oder eine Axt darauf, schlagen dann mit einem schweren Hammer auf den Beitel oder die Axt und trennen also zugleich Haut und Fleisch mitsamt dem Knochen auf einmal ab. Abgesehen davon, daß einem ehrbaren und fleißigen Arzt nicht geziemt, solch ein grobes und unschickliches Werk zu verrichten und seine Verwundeten wie ein Scharfrichter zu behandeln, ist dieses Vorgehen auch überaus gefährlich. Denn das Fleisch wird samt den Nerven und allem anderen gequetscht und zerrissen, und die Knochen splittern gewöhnlich bis an das nächste Gelenk; daher hat man nach einer derartigen Operation viel Mühe und Arbeit, die Komplikationen wie Entzündung, Schwellung, Krampf und stärkste Schmerzen abzuwehren; zudem steht der Kranke dabei in Lebensgefahr.

Fabricius von Hilden (1545–1590); zit. nach H. Schipperges

Holzschnitt aus dem Jahr 1517: „Die Beinamputation"

Wappenscheibe der Züricher Gesellschaft der Bader und Scherer von 1524;
Zürich, Schweizerisches Landesmuseum

Adriaen Brouwer (1605/06 – 1638): „Die Dorfbaderstube“;
München, Alte Pinakothek

Gebührenordnung der Wundärzte

Soll keinen Barbirer erlaubt seyn, das Handwerk zu treiben und Becken auszuhängen, er hab denn sein Meisterstück gemacht. Nebst dem Barbiren und Aderlassen dürfen sie auch annehmen und curiren alle Wunden, Stich, Schläge, Geschwulsten, Geschwäre, offene Schäden, Brand, Franzosen, Verrückung der Gelenke, Beinbrüch, Fälle u.s.w. Doch wo diese Schäden entweder sehr groß oder sorgliche Zufälle dabei wären, deren sie nicht genugsam verständig, sollen sie mit Rath der Medicorum handeln, wie sie auch die Purgationen, unersucht eines Medici, bei zehen Gülden Straff, nicht verordnen noch eingeben sollen. Insonderheit soll der von uns ihnen in sorglichen und allen schweren Zufällen adjungirte von unsern bestellten Medicis von ihren Geschworenen allezeit zu den Besichtigungen mitgezogen werden, anderst als bishero geschehen ... Ihre Taxe soll seyn:

Stein zu schneiden . . . . 30 fl.
So aber der Patient stirbt, die Helfft.

Krebs zu schneiden nach advenant aufs höchste . . 24 fl.
Schenkel abzuschneiden sampt der Cur . . . . . . 24 fl.
So der Patient matt oder gar stirbt, die Helfft.

Ein Beinbruch mit einer oder beiden Röhren,
so nicht offen ist, bei Alten . . . . 18 fl.
Dasselbe, bei jungen Kindern . . . . 12 fl.

Haupt-Wunden mit Verletzung der Hirnschaal . . 10 fl.

In Franzosen Cur, weilen dieselbe unterschiedlich, derenthalben kein gewisser Tax gemacht werden kann, sollen sie sich gegen den Patienten aller Billigkeit gemäß verhalten.

(Aus der Frankfurter Medicinal-Ordnung von 1668)

Holzschnitt aus dem „Feldbuch der Wundartzenei" von 1528:
„Ausbrennen einer Wunde"

Kupferstich des 17. Jh.: „Aderlaß und Klistier als Allheilmittel"

Hieronymus Janssen (1624–1693): „Der Aderlaß";
Stuttgart, Bezirksärztekammer Nordwürttemberg

Johann Jakob Dorner (1775–1852): „Der Wundarzt";
München, Neue Pinakothek

Gelehrte Quacksalbereien

Die Welt der Quacksalber, der fahrenden Heilkünstler, ist in Bild- und Textdokumenten – hoffentlich – lebendig geworden. Zum Schluß sei der Blick noch auf die Schulmedizin gerichtet, und zwar da, wo sie aus heutiger Sicht nichts anderes als „gelehrte" Quacksalberei verkündet.

Von der Antike bis zur Goethezeit war die Therapie auf Aderlaß und Purgieren durch Klistier oder Brechmittel beschränkt und die Diagnose mit wenigen Ausnahmen auf die Harnschau. Der erfahrene Arzt sollte aus Farbe und Partikelbeschaffenheit des Urins die Krankheit des Patienten erkennen können, wenn er die Kunst des Brunnenschauens, wie man das Verfahren auch nannte, nur gründlich studiert hatte. (Ein Maler, der einen Arzt porträtieren sollte, charakterisierte den Berufsstand meist dadurch, daß er den Mediziner ein Uringlas gegen das Licht halten ließ – s. S. 57, 103). In den Universitäten wurden Harnschautafeln (s. S. 135) als Lehrmittel eingesetzt. Wenn man bedenkt, daß die Möglichkeit der mikroskopischen Untersuchung der Harnsedimente noch nicht gegeben war, wird die Ausschließlichkeit dieses Diagnoseverfah-

rens, das zwar teilweise schon auf exakten Beobachtungen beruhte, zum größten Teil aber doch rein spekulativ war, zur „Quacksalberei doctissima".

Ein weiteres Lern- und Hilfsmittel des studierten Arztes war die sogenannte Aderlaßtafel (s. S. 133). Aderlaß wurde bei nahezu jeder Gelegenheit als Therapie empfohlen, sogar bei Hochschwangeren und Neugeborenen. Um die Wirksamkeit des Aderlasses zu steigern, wurde ein äußerst verzwicktes System entwickelt, welche Ader bei welcher astrologischen Konstellation zu öffnen sei, denn man glaubte seit der Antike an einen Zusammenhang zwischen den Gestirnen und den Körperteilen. Ein guter und gelehrter Arzt mußte also gleichzeitig etwas von Astrologie verstehen. Die Aderlaßtafel, die für uns heute nichts als abergläubischer Unfug ist, diente ihm als Richtschnur.

Unzählige Darstellungen gibt es – später auch in satirischer Variante – vom Klistier als Allheilmittel; sie zeigen uns, wie sehr das Klistier zum Alltag gehörte. Neben den Brechmitteln wurde es bei Krankheiten aller Art zum Purgieren, das heißt zum Reinigen, eingesetzt. Am Hofe Ludwig XIV. feierte das Klistieren derartige Exzesse, daß es den Leser heute bei den Beschreibungen grausen kann. Dabei wirkten in Versailles ja nicht irgendwelche Winkelärzte, sondern die besten Absolventen von Montpellier, dem Mekka medizinischer Gelehrsamkeit damals. Und es waren Medizinprofessoren, nicht etwa die fahrenden Quacksalber, die darauf verfielen, Ohnmächtige mit Branntwein oder Tabaksrauch zu klistieren! Den ganzen falschen Zauber der Ärzte, ihre Gelehrsamkeit, die sie in geschwollenen Reden zur Schau stellten, und ihre Hilflosigkeit, die sich immer wieder am Krankenbett erwies, hat Molière in vielen Stücken angeprangert.

Selbst auf einem Gebiet, das eigentlich den Weg in die Zukunft wies, nämlich bei der Anatomie, erinnern die Begleitumstände an die alte Quacksalber-Manier und an die Marktplatzatmosphäre mit ihren schaurig-schönen Attraktionen. Gewiß brachte das Sezieren der Leichen zu Übungs- und Forschungszwecken nicht nur dem angehenden Arzt die nötige Fingerfertigkeit, sondern auch eine Menge neuer Erkenntnisse und damit verbesserte Chancen, bei Krankheiten wirklich helfen zu können. Gewiß war es verdienstvoll, gegen alle Widerstände, das Unterrichtsfach Anatomie einzuführen. Aber in den rein wissenschaftlichen Rahmen paßt es denn doch nicht, daß die ersten

„anatomischen Theater" als Kuriositätenkabinette eingerichtet wurden, die jedermann gegen Eintrittsgebühr besichtigen konnte. Ja, es war sogar möglich, Sektionen beizuwohnen. Die Honorationen wurden in den meisten Städten zum Anatomie-Unterricht üblicherweise eingeladen. Der Kupferstich auf S. 136 zeigt, daß sogar Menschenhäute präpariert und vorgeführt wurden (unten rechts)! So hatte der Stadtphysikus von Zürich, Dr. von Muralt, 1676 die abgezogene Haut eines Leichnams gerben lassen. Der Rat der Stadt Zürich erteilte ihm daraufhin einen strengen Verweis. – Schwierig für den Anatomie-Betrieb war die Leichenbeschaffung. Nur sehr zögernd wurden die Leichen von Hingerichteten von den Obrigkeiten freigegeben. Da halfen sich immer häufiger die lernwilligen Studenten selbst und gruben auf den Friedhöfen nachts frisch Beigesetzte aus, um sie heimlich in den Anatomiesaal zu bringen. Als diese Praxis entdeckt wurde, stellten Bürger und Bauern in der Nähe von Universitätsstädten auf den Friedhöfen nachts Wachen auf!

Ganz und gar dem Aberglauben verfallen war die Schulmedizin, wenn sie auf die pharmazeutische Wirksamkeit des menschenähnlichen Wurzelstocks der Mandragora schwor (s. S. 142). Diese Pflanze, auch Galgenmännlein oder Alraune genannt, sollte gegen nahezu alle Krankheiten helfen, aber nur dann, wenn sie um Mitternacht von einem Hund, der von einem Menschen durch Schläge dazu angetrieben werden muß, aus dem Boden gezogen wird. Dabei stößt die Pflanze einen markerschütternden Schrei aus, der den Hund tötet und den Menschen taub machte, hätte er sich nicht vorher die Ohren mit Wachs verstopft. Am wirksamsten sollte aber die Mandragorapflanze sein, die unter einem Galgen gewachsen war, sie war denn auch im Handel am teuersten.

In die gleiche Kategorie gehören jene Amulette, die ein langes Leben garantieren und Krankheiten abweisen sollten, wie das auf S. 143 abgebildete Prachtexemplar mit Pestpfeil, Karneol, Koralle, getrockneter Alraunenwurzel und Glückstaler. Eine Reihe berühmter und erfolgreicher Ärzte wie Paracelsus, van Helmont, Hoffman und andere waren von der Heilwirkung solcher Amulette, die sich aus dem Volksaberglauben heraus entwickelt hatten, überzeugt.

Kolorierter Holzschnitt um 1480: „Aderlaßtafel";
München, Staatliche Graphische Sammlung

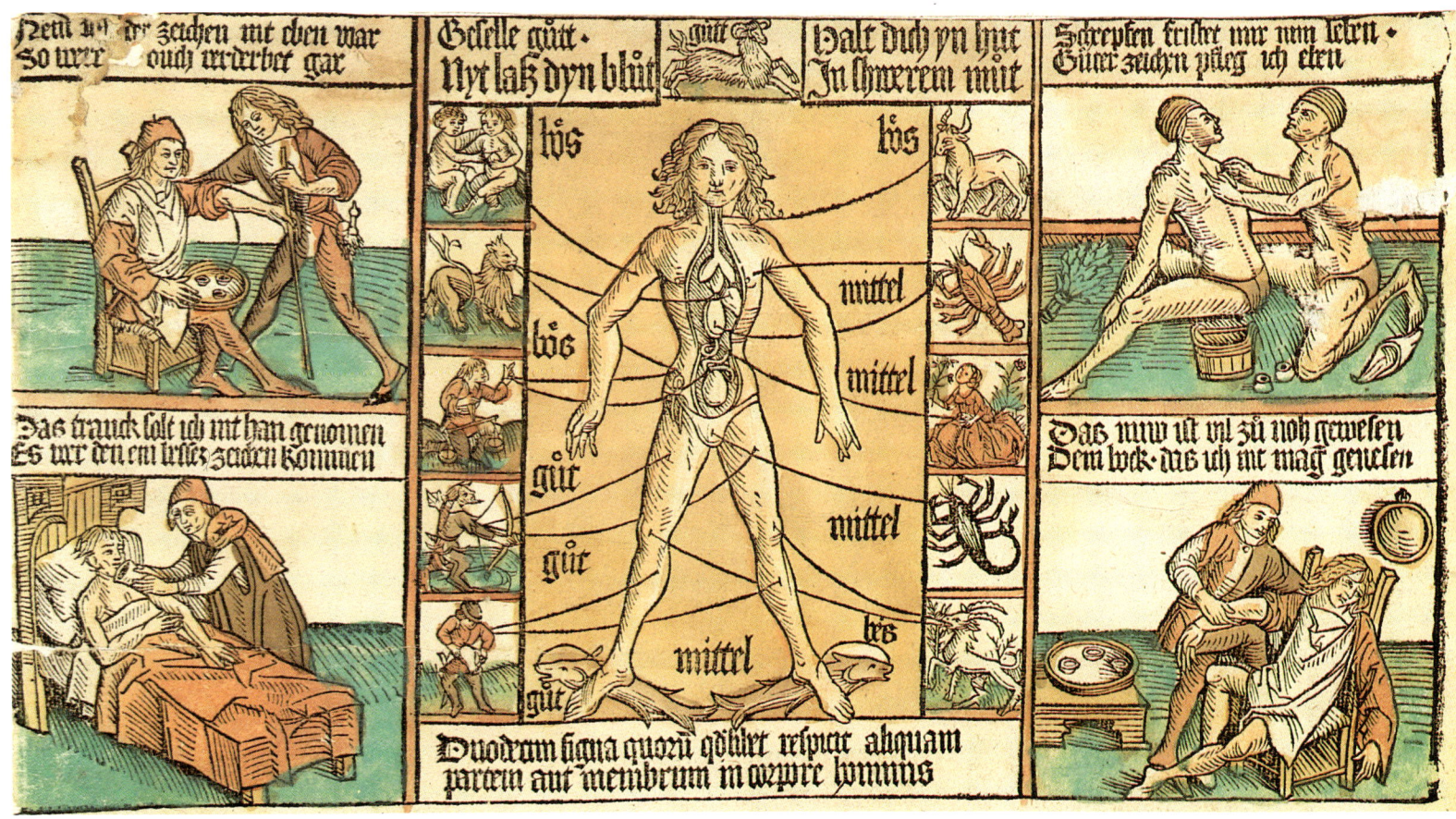

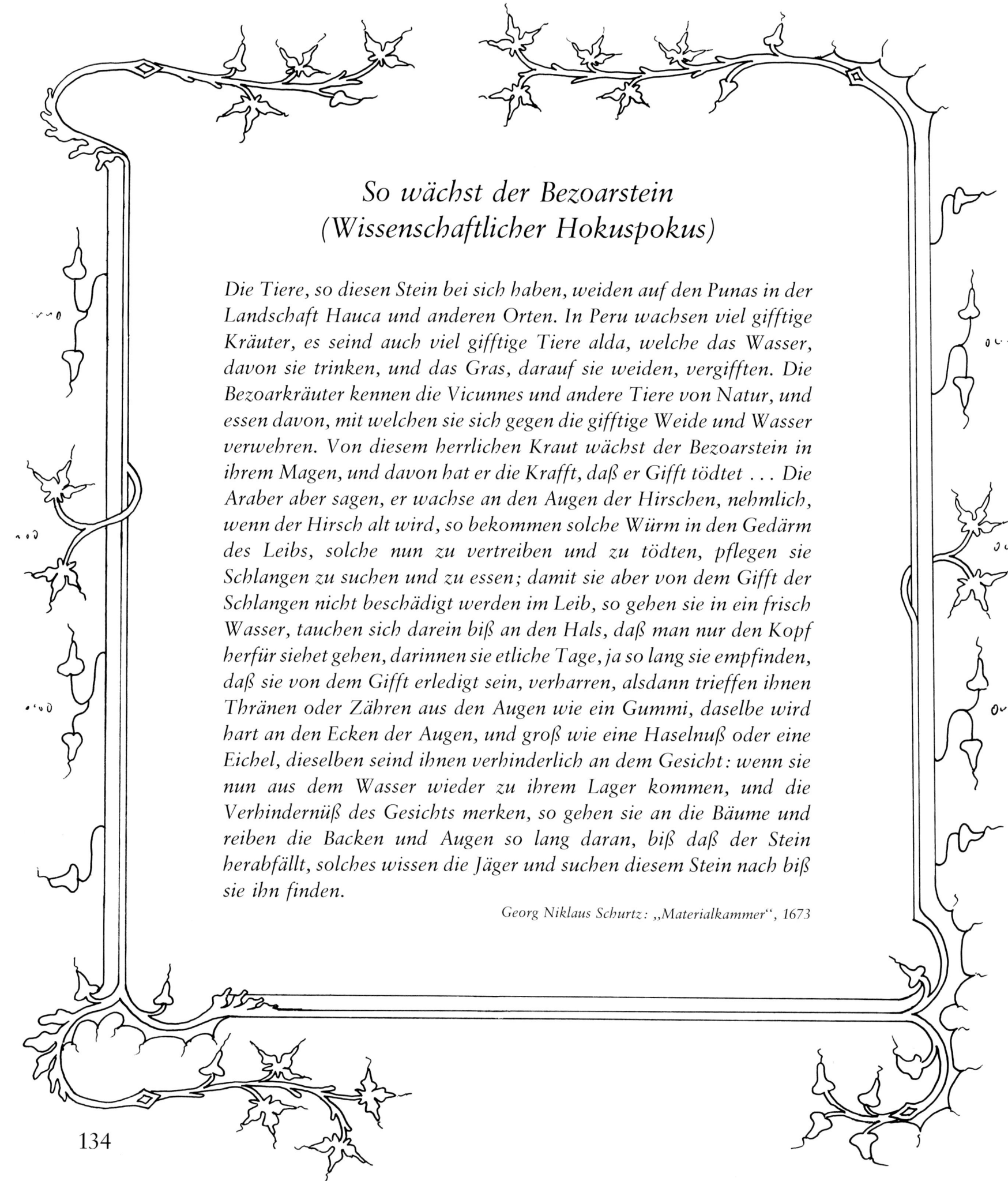

So wächst der Bezoarstein
(Wissenschaftlicher Hokuspokus)

Die Tiere, so diesen Stein bei sich haben, weiden auf den Punas in der Landschaft Hauca und anderen Orten. In Peru wachsen viel gifftige Kräuter, es seind auch viel gifftige Tiere alda, welche das Wasser, davon sie trinken, und das Gras, darauf sie weiden, vergifften. Die Bezoarkräuter kennen die Vicunnes und andere Tiere von Natur, und essen davon, mit welchen sie sich gegen die gifftige Weide und Wasser verwehren. Von diesem herrlichen Kraut wächst der Bezoarstein in ihrem Magen, und davon hat er die Krafft, daß er Gifft tödtet ... Die Araber aber sagen, er wachse an den Augen der Hirschen, nehmlich, wenn der Hirsch alt wird, so bekommen solche Würm in den Gedärm des Leibs, solche nun zu vertreiben und zu tödten, pflegen sie Schlangen zu suchen und zu essen; damit sie aber von dem Gifft der Schlangen nicht beschädigt werden im Leib, so gehen sie in ein frisch Wasser, tauchen sich darein biß an den Hals, daß man nur den Kopf herfür siehet gehen, darinnen sie etliche Tage, ja so lang sie empfinden, daß sie von dem Gifft erledigt sein, verharren, alsdann trieffen ihnen Thränen oder Zähren aus den Augen wie ein Gummi, daselbe wird hart an den Ecken der Augen, und groß wie eine Haselnuß oder eine Eichel, dieselben seind ihnen verhinderlich an dem Gesicht: wenn sie nun aus dem Wasser wieder zu ihrem Lager kommen, und die Verhindernüß des Gesichts merken, so gehen sie an die Bäume und reiben die Backen und Augen so lang daran, biß daß der Stein herabfällt, solches wissen die Jäger und suchen diesem Stein nach biß sie ihn finden.

Georg Niklaus Schurtz: „Materialkammer", 1673

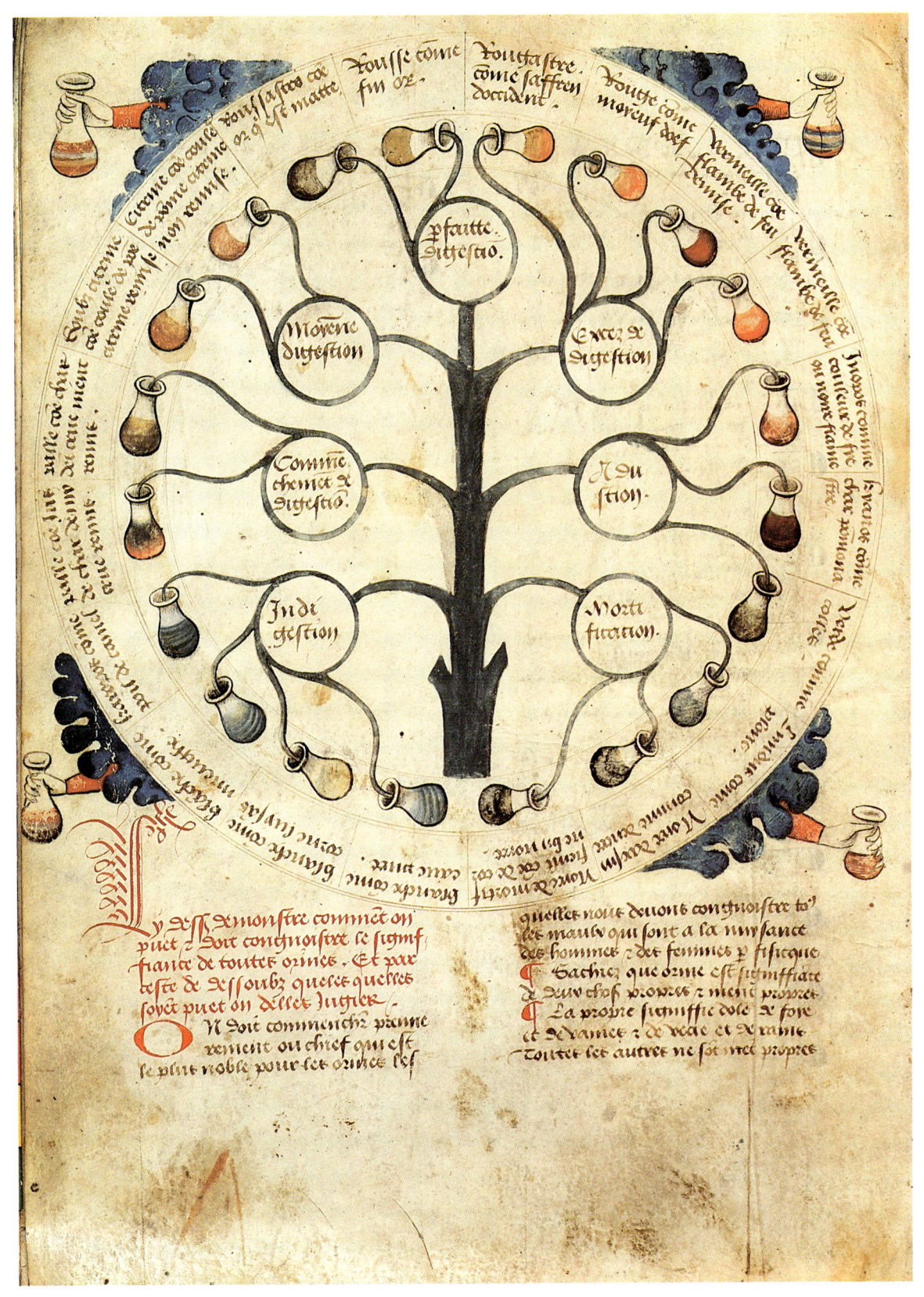

Miniatur aus einer medizinischen Handschrift (15. Jh.):
„Urinschau-Lehrtafel";
Brüssel, Bibliothèque Royale Albert Ier

Kupferstich von 1610: „Das anatomische Theater von Leyden"

Philipp Bernaerts (2. Hälfte 17. Jh.): „Die Anatomie-Übung";
Brügge, Städtisches Museum

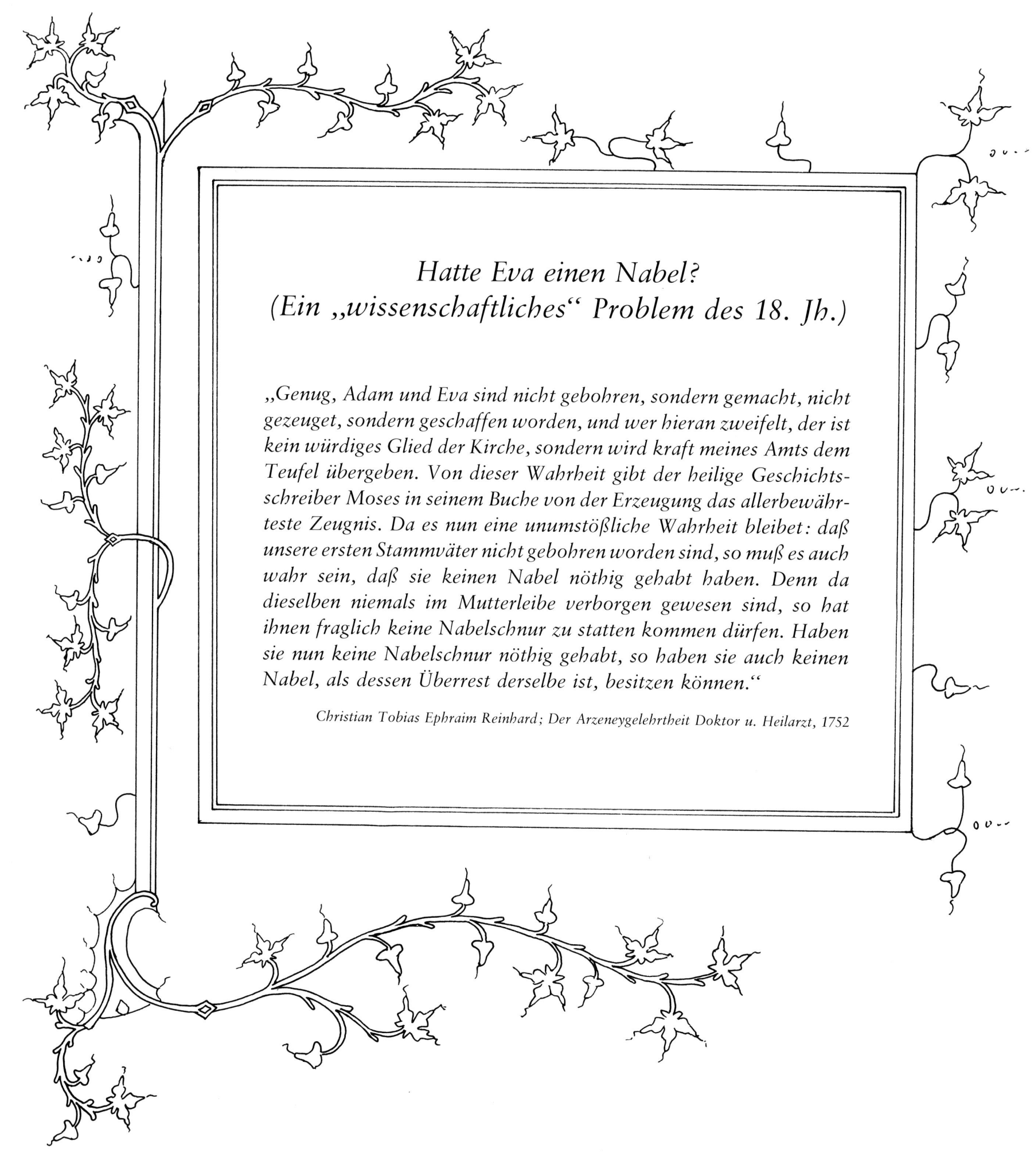

Hatte Eva einen Nabel?
(Ein „wissenschaftliches" Problem des 18. Jh.)

„Genug, Adam und Eva sind nicht gebohren, sondern gemacht, nicht gezeuget, sondern geschaffen worden, und wer hieran zweifelt, der ist kein würdiges Glied der Kirche, sondern wird kraft meines Amts dem Teufel übergeben. Von dieser Wahrheit gibt der heilige Geschichtsschreiber Moses in seinem Buche von der Erzeugung das allerbewährteste Zeugnis. Da es nun eine unumstößliche Wahrheit bleibet: daß unsere ersten Stammväter nicht gebohren worden sind, so muß es auch wahr sein, daß sie keinen Nabel nöthig gehabt haben. Denn da dieselben niemals im Mutterleibe verborgen gewesen sind, so hat ihnen fraglich keine Nabelschnur zu statten kommen dürfen. Haben sie nun keine Nabelschnur nöthig gehabt, so haben sie auch keinen Nabel, als dessen Überrest derselbe ist, besitzen können."

Christian Tobias Ephraim Reinhard; Der Arzeneygelehrtheit Doktor u. Heilarzt, 1752

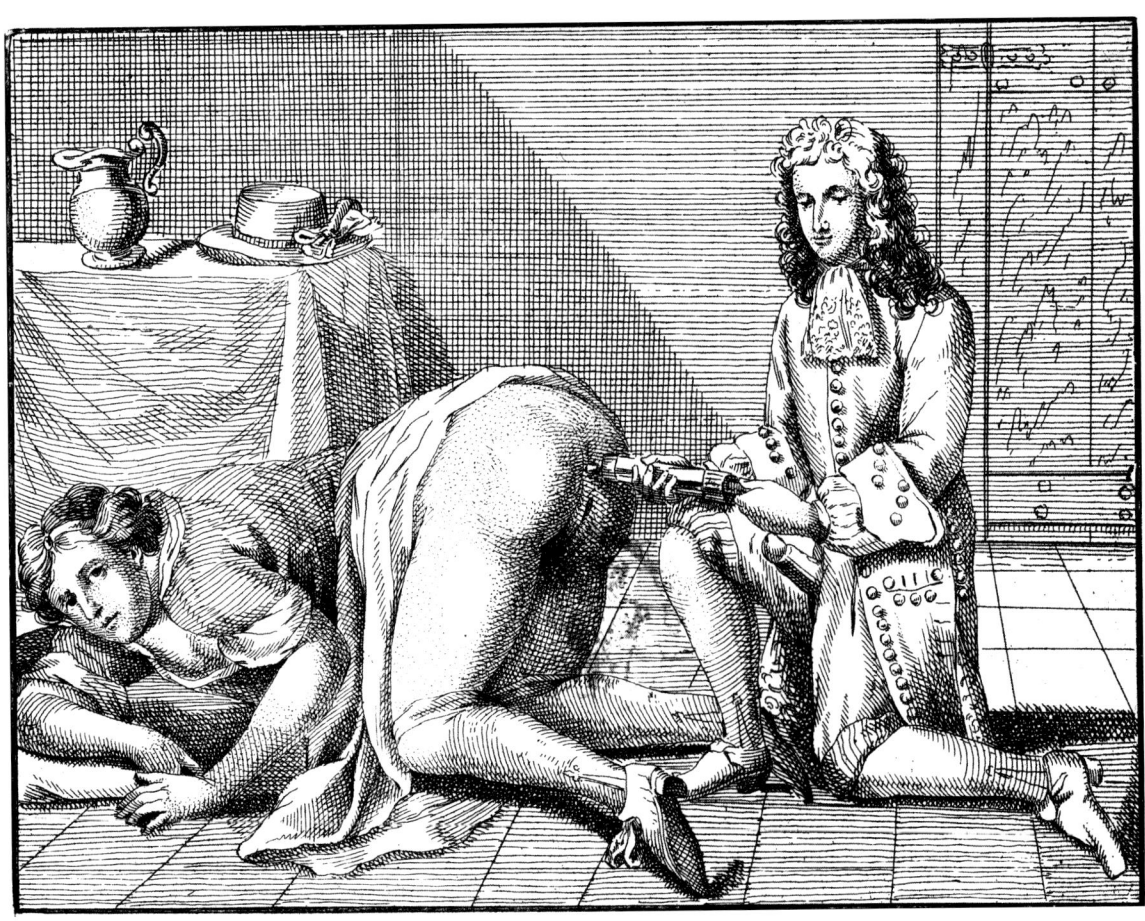

Kupferstich des 18. Jh.: „Die Applizierung des Klistiers"

Kupferstich des 18. Jh.: „Der ungelegene Besucher"

Jean Antoine Garemijn (1712–1799): „Das Klistier";
Brügge, Städtisches Museum

Miniatur des 11. Jh.:
Menschenähnlicher
Wurzelstock der
Mandragora
(Universalheilmittel);
Kassel,
Landesbibliothek

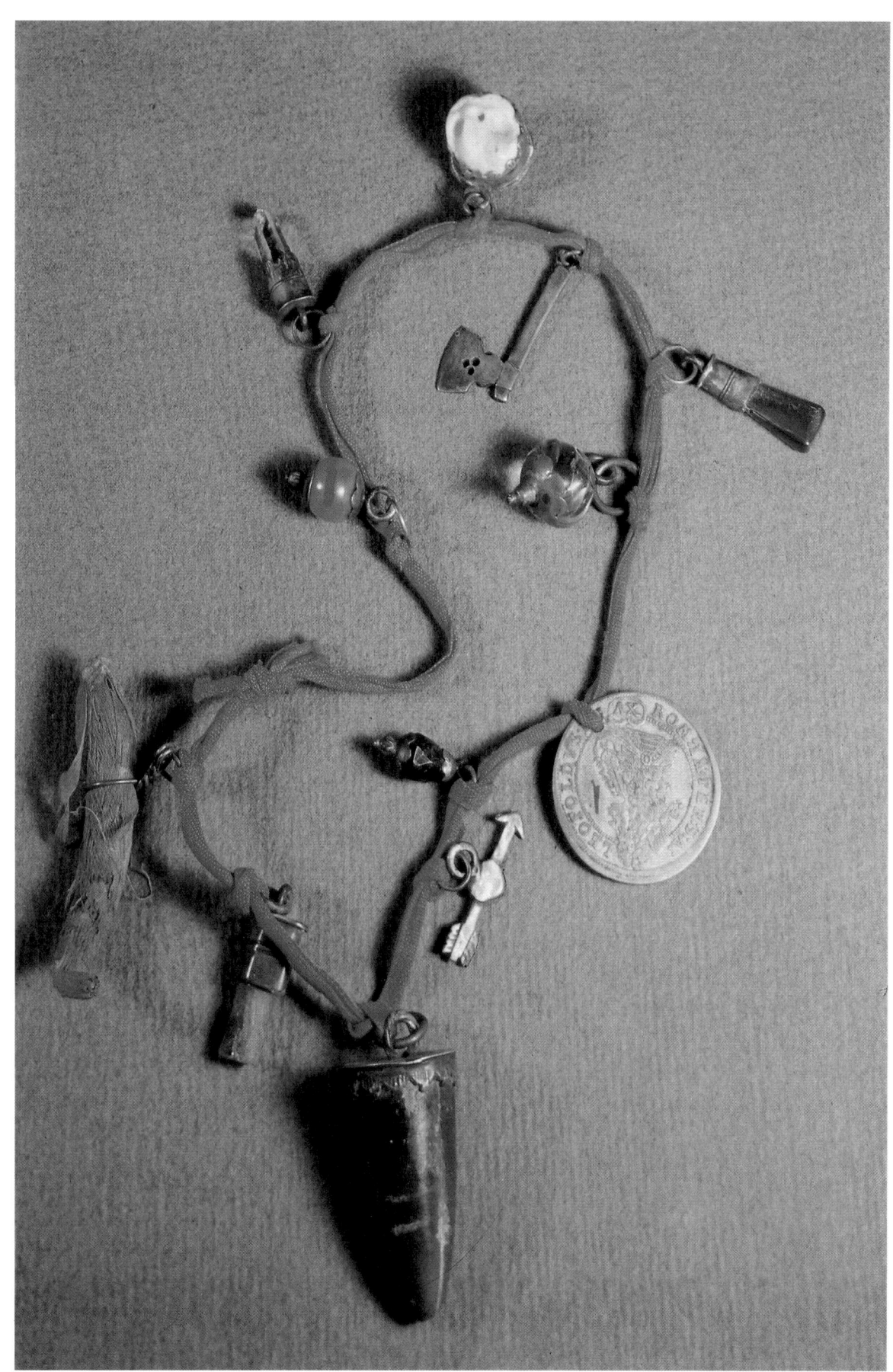

Universalschutzamulett
(„Fraiskette")
des 18. Jh.;
München,
Bayerisches
Nationalmuseum

Künstler-Verzeichnis